Ilka Scholz
Warum ich keine Stewardess wurde

AF286869

Ilka Scholz

Warum ich keine Stewardess wurde

Kindheit und Jugend
im Ruhrgebiet der 1960er Jahre

ATHENA-Verlag

Bibliografische Information der Deutschen Nationalbibliothek

Die Deutsche Nationalbibliothek verzeichnet
diese Publikation in der Deutschen Nationalbibliografie;
detaillierte bibliografische Daten sind im Internet über
<http://dnb.d-nb.de> abrufbar.

1. Auflage 2024
Copyright © 2024 by ATHENA-Verlag,
Mellinghofer Straße 126, 46047 Oberhausen
www.athena-verlag.de
Alle Rechte vorbehalten
Umschlagfoto: privat
Umschlagentwurf: Erik Scholz
Kartenauszug S. 8: Stadt Oberhausen, bearbeitet durch Erik Scholz
Druck und Bindung: Majuskel Medienproduktion GmbH, Wetzlar
Printed in Germany
ISBN 978-3-7455-1167-3

Inhalt

Meine kleine Welt

Die Welt, in der ich großgeworden bin, war sehr überschaubar. Dreh- und Angelpunkt war die Westerwaldstraße, die die Oberhausener Stadtteile Osterfeld und Sterkrade voneinander trennt. Wir wohnten auf der Osterfelder Seite, in der Bergarbeitersiedlung Stemmersberg. Hier waren auch mein Kindergarten, der Hort, sowie mein späterer Ausbildungsplatz, eine Praxis für Allgemeinmedizin. Alles nicht weiter als etwa 800 m von unserer Wohnung entfernt. Volksschule und Kirche lagen nur einen Katzensprung weiter, in Osterfeld-Heide, die Realschule in Osterfeld-Mitte.

Auf der Sterkrader Seite der Westerwaldstraße standen andere Häuser als bei uns: Die Ein- und Mehrfamilienhäuser waren später gebaut worden als die Bergarbeitersiedlung und deshalb heller und nicht rußgeschwärzt. Hier gab es Geschäfte, und, was mir als Kind schon auffiel, oft auch andere Familiennamen. Hießen die Menschen auf unserer Seite eher Rybak, Klopocka oder Brzosa, hatten die Familien auf der anderen Seite Namen wie Brinkbäumer, Thomaser und Hammacher.

Schräg gegenüber von unserer Wohnung – aber schon auf der Sterkrader Seite – gab es den Metzger Fischedieck, der selbst schlachtete und wo die Mutter das Fleisch für den Sonntagsbraten kaufte. Häufiger als mir lieb war, kam zum Abendbrot Panhas auf den Tisch, eine Art Blutwurst, die nach einer Schlachtung in Scheiben verkauft und in der Pfanne gebraten wurde. Panhas war preiswert und meinem Vater schmeckte die Blutwurst, zwei wichtige Kriterien für den Einkauf.

11

An der Ecke Westerwaldstraße/Stemmerstraße stand das große Lebensmittelgeschäft des Ehepaars Schmitz. Dort gab es jeden Freitag frischen Fisch. Abgesehen davon, dass wir aus Sparsamkeitsgründen wenig Fleisch aßen, kam freitags immer Fisch auf den Tisch.

Lief man die Stemmerstraße hinunter Richtung Teutoburger Straße, lag auf der linken Seite eine Bäckerei. Vorne an der Straße war ein Verkaufsladen, im Rückgebäude die Backstube. An den Duft frischer Brötchen erinnere ich mich heute noch. Vermutlich nur wenige Male, aber ich weiß es noch genau, wurde ich in der Früh zum Brötchenholen geschickt. War der Laden noch nicht geöffnet, ging man weiter bis zur Backstubentür, öffnete sie einen Spalt und rief dem Bäcker zu, was man wollte. Er kam dann an die Tür und drückte einem die Tüte mit den Brötchen in die Hand. Preis pro Stück: fünf Pfennig!

Unten an der Stemmerstraße war die Wirtschaft Schlossarek, die meinen Vater sonntags manchmal anzog. Saß er dort beim Frühschoppen, schickte mich die Mutter rechtzeitig los, um ihn zum Mittagessen zu holen. Ein hitziges Gespräch abrupt beenden und mitkommen, ging ja nicht. Stattdessen bekam ich ein paar Münzen für den Spielautomaten, um mir die Zeit zu vertreiben. Auf dem Heimweg durfte ich mir dann anhören, dass das Spielen an Automaten keine gute Sache sei. Vaters Überzeugung, mit der er nicht falsch lag: »Die Maschine gewinnt immer.« Trotzdem bekam ich beim nächsten Mal wieder etwas Geld zum Spielen.

Ein Großereignis für ganz Oberhausen und die umliegenden Städte war schon damals die Sterkrader Fronleichnamskirmes. Die Eltern gingen auch mit mir und meiner Schwester hin, solange wir klein waren, aber ohne viel Geld auszugeben. Man schaute sich alles an, kaufte eine Tüte gebrannte Mandeln und vielleicht ein paar Lose, das war's dann. Später, als ich selbst Geld verdiente und Fahrgeschäfte und Geisterbahn aus der eigenen Tasche bezahlen konnte, genügte mir jeweils eine Fahrt, um festzustellen, dass ich keine weiteren brauchte.

Nicht nur Kirmes, Wochenmarkt und große Geschäftshäuser wie Lantermann lockten uns vom Stemmersberg nach Sterkrade, auch unser Hausarzt hatte dort seine Praxis. Aber das ist eine andere Geschichte!

Nach Eisenheim

Jede Woche nach der »großen Wäsche«, also Dienstag oder Mittwoch, gingen meine Mutter und ich zu den Großeltern. Für mich war es eine Abwechslung, für meine Mutter wohl eher Pflicht. Sie brachte ihren Eltern die montags frisch gewaschene Wäsche und nahm die schmutzige wieder mit zu uns, da die Großeltern keine eigene Waschmaschine hatten. Der Weg zu ihnen führte vom Stemmersberg nach Eisenheim, in die Timpenstraße.

Wir gingen die Westerwaldstraße hinunter, überquerten die Vestische Straße und kamen je nach Lust und Laune auf verschiedenen Wegen zur Berliner Straße. Dort ging es nach der Bahnunterführung die alten Bergarbeiterhäuser entlang, bevor wir nach rechts in die Timpenstraße einbogen. Im Eckhaus auf der linken Seite war das Lebensmittelgeschäft Schöneberg, wo die Oma jahrzehntelang einkaufte, bis Discountläden mit ihren Billigangeboten kamen und »der Schöneberg« eines Tages nicht mehr da war.

Seit 1944 wohnten die Großeltern in der Timpenstraße Nummer 11. Ein Bombenangriff hatte das Haus Nummer 29, wo sie zuerst wohnten, weitgehend zerstört. Im Erdgeschoss und im ersten Stock war eine Kirchengemeinschaft untergebracht, in den zwei kleinen Wohnungen darüber wohnten meine Großeltern und ein kinderloses Ehepaar.

In meiner Erinnerung gab es bei der Oma immer frisches Brot. Es wurde, fast vor ihrer Haustür, aus einem Lieferwagen heraus verkauft. Mein Lieblingsbrot war ein helles Weizenmischbrot. Bevor ein neuer Laib angeschnitten wurde, ritzte die Oma darauf mit dem Messer ein Kreuzzeichen. Sie schnitt unglaublich dünne

Scheiben und bestrich sie mit »guter Butter«; manchmal auch nur mit »Butter«, was Margarine bedeutete, und dann mit Marmelade. Ich weiß nicht mehr, wie viel Scheiben ich jedes Mal aß. Es schmeckte einfach zu gut.

Bei unseren Alltagsbesuchen saßen wir immer in der Küche. Der Opa grundsätzlich am Fenster, das einen Blick auf den Garten, auf das unbebaute Gelände dahinter und noch weiter hinten auf die »Chaussee« genannte Straße bot. Meine Mutter und ich saßen auf einem großen Sofa und die Oma uns gegenüber mit dem Rücken zum Küchenschrank und zum großen Kohleherd. Zu diesem immer gleichen Ritual gehörte frisch aufgebrühter Kaffee; für das Mahlen der Bohnen war der Großvater zuständig, für mich hatte die Oma Muckefuck oder Malzbier. Tee schien es bei ihr nie zu geben.

Zurück gingen wir oft eine andere Strecke als auf dem Hinweg: meist an meiner Grundschule, der Heideschule vorbei bis zur Vestischen Straße und danach durch eine kleine Grünanlage über die Hoffnungstraße zurück zur Westerwaldstraße.

Die Mutter beladen mit der Wäsche ihrer Eltern, die sie zu Hause waschen würde, ich zufrieden nach der süßen Brotzeit in Eisenheim.

Der lange Weg

Es war kurz vor Fronleichnam, ich war ungefähr zehn oder elf Jahre alt. Mein rechter Zeigefinger hatte sich entzündet und schwoll immer mehr an: eine Infektion, vermutlich verursacht durch einen Rosendorn. Unser Hausarzt schaute sich den Finger kurz an und ließ eine seiner Helferinnen sofort einen Termin im Krankenhaus vereinbaren.

Was mich am nächsten Tag im Sterkrader Johanniter-Krankenhaus genau erwartete, wusste ich nicht. Zusammen mit meiner Mutter kam ich pünktlich in die Ambulanz. Dort holte mich eine Schwester ab und schleuste mich in einen kleinen Raum. Ohne Worte zu verlieren, packte sie mich auf einen Operationstisch, entfernte den Verband und deckte meinen Arm mit einem gestärkten weißen Tuch ab, in dem in der Mitte ein Loch ausgeschnitten war. Aus dem Loch schaute mein schmerzender Finger. Während eine Krankenschwester sich noch um den Finger kümmerte, der sich plötzlich immer kälter anfühlte, schob mir eine andere schon eine Maske auf die Nase. Zeit, mich zu fürchten oder etwas zu fragen, hatte ich nicht. Alles ging so schnell. Ich sollte bis zehn zählen und kam nur bis sieben.

Als ich wieder aufwachte, hatte ich einen noch dickeren Verband als vorher und durfte das Krankenhaus wieder verlassen. Erst als wir draußen waren, spürte ich meine Müdigkeit. Es war inzwischen Mittag geworden und die Sonne brannte heiß. Wie gern wäre ich in das kühle Krankenhaus zurückgegangen, meinetwegen auch in den kalten OP-Raum, um mich dort richtig auszuruhen.

Der Weg nach Hause war nicht länger als der Hinweg, jetzt aber schien er endlos zu sein. Vom Krankenhaus in der Steinbrinkstraße bis zur Wanner Straße musste meine Mutter mich ziehen. Wie ein störrischer Esel blieb ich alle paar Schritte stehen.

»Jetzt komm schon. Nur noch bis zur Vestischen Straße«, sagte meine Mutter, als wären wir dann zu Hause.

An der Ecke Vestische Straße/Westerwaldstraße war der Lebensmittelladen Leggewie. Dort gab es eine kleine Treppe, die in den Laden führte, und auf die durfte ich mich setzen. Inzwischen war ich so schlapp, dass ich mich am liebsten auf der Treppe ausgestreckt hätte. Doch nach ein paar Minuten zog mich meine Mutter wieder hoch. »Es sind ja nur noch 100 m. Das schaffst du«, sagte sie. Ich bin nicht sicher, ob sie begriff, wie elend mir zumute war. Aber sie wollte so schnell wie möglich aus der Hitze heraus und in unsere Wohnung kommen.

100 m können lang sein, wenn man eine Stunde vorher aus der Narkose erwacht ist! Verschwitzt schleppten wir uns die Westerwaldstraße hoch, vorbei an der Hüttestraße und Hoffnungstraße. Unsere Hände klebten in der Hitze fast aneinander. Dann waren wir endlich zu Hause. Ich legte mich aufs Sofa in der Küche und wollte nur noch schlafen. Wie lange die Narkose nachwirkte, weiß ich nicht mehr. Am nächsten oder übernächsten Tag war ich wieder in der Schule. Dort stellte ich fest, dass ich auch mit links schreiben konnte. Ein Vorteil, den ich wohl meiner teilweise unterdrückten Linkshändigkeit verdankte. Normalerweise schrieb ich mit der rechten Hand.

Nach dem Verband kam ein kleines Pflaster. Zurück blieb eine gewölbte Narbe, die mit der Zeit flacher wurde, die ich aber bis heute ertasten kann. Sie erinnert mich an den Äthergeruch im Krankenhaus und das Zählen unter der Maske. Am meisten aber erinnert sie mich an den schier endlosen Weg nach Hause.

Ausbrüche

Ich konnte mir als Kind anscheinend früh Wege einprägen, vor allem solche, die weiter als die zu den Verwandten meines Vaters waren. Fast alle seine Schwestern wohnten quasi um die Ecke, verstreut über den ganzen Stemmersberg. Aber zu denen kamen wir selten, weil der Vater mit ihnen zerstritten war. Es waren die Wege zu Mutters Eltern und ihrem Bruder, die ich mir gemerkt hatte.

Ich muss etwa drei oder vier Jahre alt gewesen sein, als ich mich auf den Weg zu Oma und Opa Richtung Eisenheim machte. Auf meinem kleinen Holzroller fuhr ich die Westerwaldstraße hinunter, Richtung Vestische Straße. Nachbarn sahen mich, holten mich von der Straße weg und brachten mich zurück nach Hause.

Natürlich erinnere ich mich nicht wirklich an meinen ersten Ausflug allein, sehe aber die Bilder genau vor mir. Oft genug hat der Vater die Geschichte von meinem »Abenteuer« erzählt, denn die Vestische Straße war nicht gerade ungefährlich für ein kleines Kind. Immerhin fuhr dort die Straßenbahn und es waren mehr Autos unterwegs als bei uns am Stemmersberg.

Beim nächsten Ausflug ohne Eltern pflückte mich niemand von der Straße ab. Ich war inzwischen etwas älter, um die fünf oder sechs Jahre, und wollte Onkel Willi, den Bruder meiner Mutter besuchen. Er und seine Frau wohnten am Tackenberg, in der Nähe vom »Dicken Stein«. Der Tackenberg ist ein Stadtteil, der zum Teil auf Osterfelder Seite, zum Teil auf Sterkrader Seite liegt.

Ich lief die Westerwaldstraße Richtung Mergelstraße hoch und überquerte problemlos die Teutoburger Straße. Dann ging es weiter, die Dinnendahlstraße hoch bis zur Dorstener Straße. Ich wusste, dass ich nur noch ein kleines Stück laufen musste, bevor ich vor dem richtigen Haus stand. Die Klingeln waren, wenn ich mich recht erinnere, eher niedrig angebracht, aber für mich dennoch zu hoch. Außerdem wusste ich nicht, wo ich klingeln sollte, weil ich noch nicht lesen konnte. Ich hatte Glück, dass gerade jemand das Haus verließ und mich fragte, zu wem ich denn wolle. »Zu Onkel Willi« war meine korrekte Antwort, und die Nachbarin wusste, wo sie klingeln sollte.

Als Tante Roswitha öffnete und nur die Augen aufriss, als sie mich allein vor der Tür stehen sah, ahnte ich schon, dass mein Ausflug vielleicht keine so tolle Idee gewesen war. Sie setzte mich in ihrer kleinen Küche an den Tisch, ohne mir einen Kakao hinzustellen. Stattdessen wuselte sie durch die Küche und fragte mich mindestens dreimal, was ich mir bloß gedacht habe. Gedacht hatte ich mir natürlich, dass sie und Onkel Willi sich über meinen Besuch freuen würden, und dass ich eine große Tasse Kaba bekommen würde. Davon konnte aber keine Rede sein.

Ein wenig später kam Onkel Willi von der Arbeit nach Hause; draußen wurde es schon langsam dunkel. Er ließ sich nicht erst viel erzählen, sondern wollte gleich wissen, warum Tante Roswitha nicht bei meinen Eltern angerufen hätte. Da fiel ihm selbst ein, dass wir noch gar kein Telefon hatten. Anstatt gemütlich zu Abend zu essen, was mir sehr gefallen hätte, brachten sie mich hungrig und durstig zurück nach Hause.

Wie meine Eltern nach diesem Ausflug reagiert haben, weiß ich nicht mehr. Ich glaube aber nicht, dass ich bestraft wurde.

Danach entwickelte sich mein Bewegungsdrang eher altersgemäß und ohne Auffälligkeiten.

Ich war inzwischen achtzehn Jahre alt, noch drei Jahre von der Volljährigkeit entfernt, und wollte der Enge zu Hause entkommen. Was lag näher als eine neue Arbeitsstelle zu suchen und von Oberhausen wegzugehen. Drei Bewerbungen genügten, bis eine Zusage kam: Eine Klinik im Allgäu, etwa 650 km von Oberhausen entfernt, wollte mich als Arzthelferin einstellen. Umgehend kündigte ich meine alte Stelle und nahm die neue an, ohne Näheres über die Klinik, den Ort und die Region zu wissen.

Was mir damals kaum auffiel, war die Ruhe meiner Eltern. Nicht ein einziges Mal versuchten sie, mich von meinem Plan abzubringen, weder mit Druck, noch in einem sachlichen Gespräch. Sie begnügten sich mit der Feststellung: »Du bist sowieso bald zurück.« Das sollte wohl heißen: »Fahr nur, du hältst es in der Fremde eh nicht lange aus.« Ich galt als anhängliche Tochter, was den Eltern offenbar als Garantie genügte. Erst als der Abschied immer näher rückte, muss meinem Vater aufgegangen sein, dass er und die Mutter sich getäuscht haben könnten. Hinter meinem Rücken versuchte er, mein Weggehen zu verhindern, ging zu meinem Chef und bat ihn, mich umzustimmen.

Mein Vater sei abends nach Praxisschließung vorbeigekommen und habe ihn gedrängt, mich von meinen Plänen abzubringen, erzählte mir mein Arbeitgeber einen Tag später, mit einem spöttischen Lächeln auf den Lippen.

Mir war das schrecklich peinlich. Ich schämte mich für meinen Vater. Bestimmt hatte er sich Mut antrinken müssen, um nach diesem Strohhalm greifen zu können.

Nachdem er mit seiner Intervention gescheitert war, akzeptierte er meine Entscheidung aber. Er begann sogar, eine Kiste für meine Schreibmaschine zu bauen. die er mir nachschicken wollte, wenn es doch ein »Ausflug« für immer werden würde.

Meine Mutter, die ich manchmal bedauert habe, dass sie nach meinem Auszug allein mit dem schwierigen Mann zurechtkommen musste, schien am besten mit der Situation klarzukommen. Vielleicht verstand sie mich ja besser, als ich es mir damals vorstellen konnte. Nach dem Krieg war sie gezwungen gewesen, noch einmal in die qualvolle Enge der elterlichen Wohnung zurückzukehren. So etwas vergisst man nicht.

Das Sprechzimmer

Unser alter Hausarzt war beliebt, seine Praxis immer voll. Nach der Sprechstunde machte er regelmäßig Hausbesuche. Stellte sich heraus, dass er wegen einer harmlosen Sache gerufen worden war, blieb er gelassen. Nachdem er mich einmal zu Hause als Zehn- oder Elfjährige kurz untersucht hatte, sagte er zu meinen Eltern: »Die Kleine wächst gerade, lassen Sie sie zwei Tage zu Hause, dann kann sie wieder zur Schule gehen.« Und so war es dann auch. Die Schmerzen vergingen rasch und ich war ein Stückchen größer. Weniger gemütlich ging es bei nächtlichen Hausbesuchen zu. Rief man Dr. Zumstein, stellte er noch am Telefon klar, wer das Geld für das Taxi zu zahlen habe. Es musste passend bereitliegen.

Patienten, die seine Praxis aufsuchten, durften keine Eile haben. Und besondere Ansprüche an Ausstattung und Abläufe durften sie auch nicht stellen. Einen Anmeldebereich gab es nicht. Vom Treppenhaus aus kam man direkt ins Wartezimmer im Hochparterre. Oft saßen dort fünfzehn oder noch mehr Patienten: Trotz hoher Fenster zur Straße war es im Wartezimmer nie richtig hell. Entlang der dunkelbraunen Holztäfelung standen dunkel lackierte Holzstühle, in der Mitte ein großer, einfacher Tisch, auf dem ein Berg Zeitschriften lag. Wenn diese Blätter nach einer Woche ausgewechselt wurden, waren sie vermutlich zweihundert Mal gelesen und sämtliche Kreuzworträtsel gelöst.

Diese bunten Blätter waren der Grund, dass ich mich von den Eltern gern zum Rezeptabholen in die Praxis schicken ließ. Nur dort gab es Gelegenheit, die spannenden Geschichten von Prominenten zu lesen, zum Beispiel von Soraya, der ersten Frau des Schahs von Persien, und zu erfahren, wie es nach ihrer Scheidung weiterging.

Wenn eine der Sprechstundenhilfen in der Tür erschien, rief sie nicht einen einzelnen Patienten auf, sondern die nächsten vier oder fünf. Brachte einer von ihnen noch Kinder mit, waren es sechs oder sieben Personen, die gleichzeitig in das geräumige Sprechzimmer strömten.

An der Fensterseite, gegenüber der Tür, standen zwei gleich große Schreibtische. An dem linken saß der alte Hausarzt, an dem rechten die nicht wesentlich jüngere Sprechstundenhilfe, vermutlich eine Krankenschwester. Der Umgang der beiden war respektvoll-distanziert. Sie strahlten Ruhe und Kompetenz aus. Vermutlich gab es deshalb niemals Aufruhr im Wartezimmer wegen langer Wartezeiten. Vorne an der Tür stand ein bedeutend kleinerer Tisch. Hier saß die Helferin, die für das Organisatorische zuständig war. Sie rief die Patienten herein und klärte, wer was benötigte.

Die Aufgerufenen setzten sich auf schmale Stühle, die rechts von der Tür, an einem Geländer entlang, aufgestellt waren. Dahinter führte eine Treppe zu den Untersuchungsliegen im Untergeschoss. War der nächste Patient an der Reihe, war bereits geklärt, welches Anliegen er hatte; ob er mit dem Arzt sprechen wollte, vielleicht eine Spritze brauchte oder nur ein Rezept benötigte. Im Falle einer Verschreibung blieb der Patient einfach sitzen und wartete, bis sein Rezept oder eine andere Verordnung ausgestellt waren. Ging es um ein ärztliches Gespräch, stand der Patient auf, ging an den Schmalseiten der Schreibtische entlang zu Dr. Zumstein, der ihn freundlich begrüßte und im Beisein aller anderen Patienten im Sprechzimmer zu seinen Kümmernissen befragte. Stellte sich heraus, dass eine Untersuchung notwendig war, schickte der Arzt ihn hinunter zu den Untersuchungsliegen, die durch dünne Vorhänge voneinander getrennt waren. Den Hinweis, man solle sich schon mal freimachen, durfte man nicht allzu ernstnehmen. Es war einfach zu kalt unten, um in Unterwäsche dazusitzen und zu warten, auch im Sommer. Nicht anders als oben im Sprechzimmer hieß es auch hier: Geduld haben!

Waren ein Arztgespräch oder eine ärztliche Untersuchung beendet, wandte sich der Hausarzt an seine Helferin am Schreibtisch gegenüber und teilte ihr laut und für alle anderen gut hörbar seine Anordnungen mit. Hatte sie ein Rezept ausgestellt, gab sie es dem betreffenden Patienten, damit er es dem Hausarzt zur Unterschrift vorlegte. Die Tische waren so groß, dass sie es nicht direkt hinüberreichen konnte. Umgekehrt verhielt es sich genauso. Hatte die Sprechstundenhilfe eine Frage, stellte sie sie über die Tische hinweg und bekam sofort eine Antwort.

Kam meine Mutter in die Sprechstunde, schaute Dr. Zumstein sie manchmal nur an und schickte sie gleich hinunter ins Untergeschoss zu einem Gespräch unter vier Augen. Er muss gespürt haben, dass sie vor den vielen Fremden nicht offen sprechen würde. Auf dem Heimweg konnte ich fühlen, dass es ihr besser ging – als hätte der alte Hausarzt ihr eine große Last abgenommen. Welche Last das gewesen sein könnte, erfuhr ich nie.

Heute kann man sich diese Situation nicht mehr vorstellen. Als Kind und Jugendliche habe ich die Abläufe im Sprechzimmer für völlig normal gehalten, was sie für die damalige Zeit in den 50er und 60er Jahren vermutlich auch waren. Meine Mutter hat sich nie darüber beschwert. Bei meinem Vater wäre es möglicherweise anders gewesen, ihm riss schnell der Geduldsfaden. Aber er ging so gut wie nie zum Arzt. Nicht etwa, weil er gesund war, im Gegenteil, sondern weil ihm vor Ärzten, Krankenhäusern und anderen Kranken graute. Er überließ es meiner Mutter, seine Nöte dem Hausarzt mitzuteilen, der bestens informiert war.

Zu den regelmäßig verordneten Kopfschmerz-, Magen- und sonstigen Tabletten gehörte auch ein »Stärkungsmittel«, das auf Kassenrezept verschrieben wurde. Das Mittel, schlicht »Tonikum« genannt, mochte stärkende Eigenschaften gehabt haben, vor allem hatte es aber einen hohen Alkoholgehalt. Meinem Vater, der mit Alkohol nicht gut umgehen konnte, dieses Tonikum zu verordnen, war sicher gut gemeint. Zusammen mit den Schmerztabletten mochte es ihm vorübergehend besser gehen, löste aber keine Probleme.

Als Dr. Zumstein in den Ruhestand ging, übernahm ein wesentlich jüngerer Arzt die Praxis, über den es nichts zu erzählen gibt.

Ozon und andere Gerüche

Zum Kindergarten und zum Hort hatte ich es nicht weit: Von der Westerwaldstraße aus lief ich die Ziegelstraße hoch und links in die Gutestraße. Das »Jugendhaus Stemmersberg« war genauso rußgeschwärzt wie alle anderen Häuser in der Umgebung, unterschied sich ansonsten aber gewaltig von der Arbeitersiedlung.

Da war die große Eingangshalle mit ihren holzgetäfelten Wänden, ihren Stützsäulen, Stuckverzierungen und Kronleuchtern an der Decke, die Empore; alles Dinge, die ich als Kind nicht bewusst wahrgenommen habe.

Für mich als Fünf- oder Sechsjährige war die Halle mit ihrer unvorstellbar hohen Decke lediglich der Ort, wo wir kleineren Kinder vom Stemmersberg einmal wöchentlich mit winzigen, eng die Augen umschließenden Sonnenbrillen und bis auf die Unterwäsche unbekleidet im Kreis um eine riesige, runde Höhensonne saßen, die uns vor Rachitis schützen sollte.

An den Geruch, der sich in der Halle ausbreitete, sobald die Höhensonne eingeschaltet war, erinnere ich mich heute noch.

Die gebohnerten Linoleumböden verströmten ebenfalls ihren spezifischen Geruch, wobei mich nur der blanke Boden auf der Empore im Obergeschoss interessierte. Der schmale Gang an hohen, geschlossenen Türen entlang war beliebt als Rutschbahn, besonders dann, wenn wieder einmal alles glänzte und nach frischem Bohnerwachs roch. Nirgendwo ein Schild: »Achtung! Rutschgefahr!«. Aus Spaß rutschen war natürlich nicht erlaubt, was uns aber nicht hinderte. Einmal schaffte ich es nicht bis zum Ende des Ganges, sondern landete – noch mitten im schönsten Schwung – mit dem Steiß auf dem herrlich glänzenden Boden. Das tat weh! Schmerz und Wachsgeruch liegen bei dieser Erinnerung nahtlos übereinander.

Der Höhepunkt meiner Geruchserlebnisse ist mit Basteln und Kleben im Kinderhort verbunden. Der Duft, ein wenig wie Marzipan, kam aus kleinen runden Töpfchen, gefüllt mit einem weißen Klebstoff. Mit einem winzigen Holzspatel strich man über die wohlriechende Paste und übertrug den Klebstoff auf seine Bastelarbeit. Wie viele Papierschächtelchen, Martinslaternen und Weihnachtssterne sind damals entstanden, umweht von diesem Geruch?

Bei mir zu Hause wurde Kleister aus Mehl hergestellt; der war billiger und roch auch nicht. Irgendwann gab es dann Uhu, aber nicht zum Basteln. Ansonsten roch es bei uns wie bei anderen in der Nachbarschaft auch: mal nach Waschtag, mal nach Reibekuchen, sonntags nach leckerem Braten, von dem die Mutter immer ein Schälchen Soße abzweigte, für die Nudeln, die montags auf den Tisch kamen.

Ich erinnere mich an einen weiteren Geruch, der zu meiner Kindheit gehörte und besonders bei Nebel und entsprechender Windrichtung nach Osterfeld zog. Es waren die giftigen Abgase der Ruhrchemie, die aus Sterkrade herüberwehten und beim Einatmen in unsere Nasen und Lungen gelangten. An diesen Tagen blieben die Fenster besser geschlossen; auf das abendliche Lüften wurde verzichtet.

Jugendhaus Stemmersberg. Foto privat

Fräulein Ewecker und die Nähschule

Als meine Schwester und ich noch klein waren, gab es einen festen Termin, den die Mutter besonders mochte: die Stunden in der Nähschule, untergebracht im selben Haus wie mein Kindergarten und der Hort.

In die Nähschule kamen Frauen aus der Arbeitersiedlung, die unter Anleitung Kleidungsstücke für sich selbst und ihre Kinder anfertigten. Hauptsächlich ging es wohl um das Zuschneiden der Stoffe, da durfte kein Fehler passieren. Darüber hinaus waren die Nachmittage eine Möglichkeit, mit Müttern aus der weiteren Nachbarschaft zusammenzukommen und Neuigkeiten auszutauschen. Die Nähschule war beliebt, auch bei den Ehemännern. Schließlich half das Nähen Geld sparen; und sparsam wirtschaften musste jede Familie.

Die zentrale Figur war Fräulein Ewecker, eine unverheiratet gebliebene Schneiderin, der eine unglücklich geendete Liebesbeziehung nachgesagt wurde, der angeblich keine weitere gefolgt war. Fräulein Ewecker sah immer gleich aus: weder jung noch richtig alt; mit einer unheimlich wirkenden dicken Warze über der Oberlippe, aus der dunkle Borsten sprossen.

Die Mutter nähte für sich selbst Röcke, Blusen und Kittelschürzen. Kittelschürzen konnte es gar nicht genug geben. Im Winter trugen die Frauen sie mit Kurzärmeln, im Sommer ärmellos. Für »ihre Mädchen«, das heißt, für meine Schwester und mich, nähte die Mutter auch Kleider, zum Teil mit aufwändigen Verzierungen, und bauschige Unterröcke, sogenannte »Petticoats«. Diese Petticoats waren nicht aus Tüll oder Perlon, sondern aus weißem, gelöchertem Baumwollstoff, der gerafft in drei Stufen zusammengenäht wurde. Für die Mutter bedeutete das nach jeder Wäsche viel Zeitaufwand beim Bügeln.

Manchmal kam ich mit in die Nähschule oder ging vom Kinderhort aus hin, auch wenn keine Anprobe anstand. Ich saß dann zwischen den Frauen und malte. Gelegentlich schnappte ich etwas von ihren Gesprächen auf, verstand es aber nicht und vergaß es wieder.

Einmal, in der Adventszeit, nähte die Mutter Kleidungsstücke für meine Schildkröt-Puppe. Ich erinnere mich an einen Kapuzenmantel aus hellem, weichem Cord, gefüttert mit einem roten Baumwollstoff. Der Mantel passte der Puppe perfekt, er war ein kleines Meisterstück.

Irgendwann waren Puppe und Mäntelchen verschwunden. Ich kann es daher nicht mehr in die Hände nehmen und prüfen, ob meine Erinnerungen mit der Realität übereinstimmen.

Als Fräulein Ewecker aus Altersgründen aufhörte und die Gruppe zuletzt nur noch aus fünf oder sechs Frauen bestand, war auch mit der Nähschule Schluss. Kleidung konnte man inzwischen so preiswert kaufen, dass es sich nicht mehr lohnte selbst zu nähen.

Die Nähmaschine zu Hause, eine schöne, schwarz lackierte Pfaff, wurde immer seltener und eines Tages gar nicht mehr gebraucht. Trotzdem trennte sich meine Mutter nicht von ihr. In ihrer letzten Wohnung, in einem Haus für Senioren neben der Heidekirche, diente das Schränkchen mit der alten Pfaff noch als Ablage für Telefon, Adressbüchlein und diverse Stifte.

Wie sich unser Bücherregal füllte

Meine Eltern waren einige Jahre lang Mitglied in einem Buchklub, genauer gesagt in der Deutschen Buch-Gemeinschaft Darmstadt. In regelmäßigen Abständen kamen Bücher ins Haus, die den oberen Teil eines kleinen Bücherschrankes im Wohnzimmer nach und nach füllten. Ich erinnere mich an Bücher von Gwen Bristow, deren Südstaatentrilogie ich nicht nur einmal las, und Romane von Pearl S. Buck und Hemingway. Sobald der Bücherschrank gefüllt war, kündigte der Vater die Mitgliedschaft.

Mich interessierten nicht nur die neu gekauften Bücher, die hinter verschiebbaren Glasscheiben gut sichtbar und leicht erreichbar waren. Ich hatte irgendwann entdeckt, dass im unteren Teil des Schrankes nicht nur Fotoalben und diverse Kistchen mit weiteren Fotos und Erinnerungsstücken standen. Dahinter verborgen gab es weitere Bücher. Sie waren mit Zeitungspapier eingeschlagen und ganz offensichtlich nicht für neugierige Schulkinder gedacht. Eine Zeit lang widerstand ich dem Drang, einfach nachzuschauen. Mir war klar, dass ich eine Grenze überschreiten würde und damit rechnen müsste, bestraft zu werden.

Als ich meine Neugierde nicht mehr bezähmen konnte, zog ich eines der Bücher aus seinem Versteck heraus und packte es aus. Ich weiß nicht mehr, was ich erwartet hatte. Auf jeden Fall etwas Unerhörtes. Es war aber nur ein Buch über Kaiser Nero und eine seiner Geliebten. Nachdem ich kurz darin geblättert hatte, packte ich es sorgfältig wieder in das fast schon brüchige Zeitungspapier und legte es an seinen ursprünglichen Platz zurück.

Meine Mutter las die meisten Bücher, die uns geschickt wurden, mein Vater nahezu keines. Er bevorzugte die Zeitung und erklärte uns mehr als einmal, dass er jedes Buch lesen würde, sobald er in Rente wäre. Aber auch dann sah ich ihn nie mit einem Buch in der Hand. Ich glaube, ihm fehlte einfach die Geduld.

Im Kinderzimmer hing ein Bücherregal mit drei Fächern, das ich mir mit meiner Schwester teilte. Wir hatten die typischen Mädchenbücher wie die von Enid Blyton. Eine weitere Kategorie kam hinzu, nachdem ich in der Kundenzeitschrift der Bäckerinnung die Kinderseite entdeckt hatte. Auf dieser Seite, gefüllt mit Rätseln und kleinen Geschichten, wurden Kinder aufgefordert, selbst Geschichten zu schreiben und an die Redaktion der »Bäckerblume« zu schicken. Für jeden gedruckten Text bekam man als Belohnung ein Buch – für mich genügend Anreiz, es auch zu versuchen.

Nach einiger Zeit standen neben den Mädchenbüchern auch Biografien von berühmten Wissenschaftlern in unserem Regal, unter anderem die Lebensgeschichten von Marie Curie und Robert Koch.

Bald fand ich bei meinen Eltern nicht mehr genug Lesestoff; ich fing an, Bücher aus der Schulbücherei mit nach Hause zu bringen. Daran hatte niemand etwas auszusetzen, solange meine Leistungen in der Realschule im grünen Bereich waren. Als die bescheidener wurden, drohte der Vater mir mit Leseverbot. Seine Drohung bewirkte jedoch das Gegenteil. Ich las mehr denn je und fand es reizvoll, abends mit der Taschenlampe unter der Bettdecke zu lesen. Es bestand ja immer die Möglichkeit, entdeckt zu werden, was aber nie geschah.

Warum ich keine Stewardess wurde

Herr Jordan, mein Klassenlehrer in der Volksschule, hatte sich für meinen Schulwechsel an die Realschule eingesetzt. An ihn erinnere ich mich heute noch gern, was ich von vielen Lehrern, die dann folgten, nicht behaupten kann.

An der Realschule gab es ausschließlich Lehrerinnen. In meiner Erinnerung waren die meisten deutlich älter als Herr Jordan. In einer Stunde fragte uns die Deutschlehrerin, was wir später werden wollten. Ich weiß noch, dass ich ganz vorne links saß, direkt vor dem Lehrerpult. Und ich weiß auch noch, dass mich bis zu dieser Schulstunde mein späterer Beruf nicht beschäftigt hatte. Was tun? Irgendetwas Tolles musste her. Stewardess! Als ich meinen Berufswunsch nannte, sah mich die Lehrerin durch ihre fleckigen Brillengläser zwei, drei Sekunden lang schweigend an. Dann ließ sie mich und alle Mitschülerinnen wissen, was sie von meiner Idee hielt: »Da muss man aber hübsch sein, Ilka!« Kein weiteres Wort, kein sachliches Argument, zum Beispiel ein freundlicher Hinweis auf das erforderliche Abitur, nur ihr starrer Blick auf mich, bevor sie sich meiner Banknachbarin zuwandte.

Ich war wie gelähmt und schaute die Lehrerin ein paar Sekunden lang schweigend an, so wie sie mich zuvor. Dann kramte ich, scheinbar ungerührt, irgendein Schulheft hervor und fing an, darin zu blättern. Dass die dumme Gans mich gekränkt hatte und vielleicht sogar mit Absicht, sollte niemand sehen.

Von dem damals gefühlten Dämpfer abgesehen, muss ich der »Pädagogin« dankbar sein. Vielleicht hat sie mich davor bewahrt, den falschen Beruf zu wählen.

Was mir den Spaß am Schulbesuch wirklich raubte, war das Fach Sport. Ich hasste Geräteturnen und mochte auch kein Bodenturnen. Beim Schwimmunterricht sah es zunächst besser aus. Ich bewegte mich gern im Wasser und lernte verhältnismäßig schnell schwimmen; aber dann kamen die Sprünge ins Wasser. Als ich einmal zu lange zögerte, auf Kommando vom Beckenrand zu springen, schubste mich die Sportlehrerin hinein. Das war's dann mit der Vorbereitung auf das Brettspringen. Niemand hätte mich mehr dazu bringen können, überhaupt ins Wasser zu springen, egal ob vom Beckenrand oder vom Brett!

Meine Schulleistungen ließen nach. Zu Hause gab es zwar keine Strafen für schlechte Noten; mein Vater begann aber damit zu drohen, er werde mich in die Fabrik schicken, wenn ich mich nicht anstrenge. Bevor es soweit kam, bin ich mit meiner Mutter zur Berufsberatung gegangen. Was man mich dort fragte, weiß ich heute nicht mehr. Einen speziellen Berufswunsch hatte ich immer noch nicht. Ich erinnere mich dunkel, dass mir zum Schluss empfohlen wurde, Floristin zu werden. Was hatte ich denen bloß erzählt? Ich entschied mich schließlich für eine Arzthelferinnenlehre und blieb nach dem Abschluss noch einige Zeit in dem Beruf.

Dann hatte ich wieder Lust auf Schule und nutzte die unglaublichen Möglichkeiten des Zweiten Bildungsweges. Mit meinen Lehrern in München, die mich zum Abitur führten, hatte ich Glück. Lernen machte wieder Spaß!

Wie putzt man ein Fenster?

Mein Vater verhinderte, dass ich zu Hause etwas Praktisches lernte. Er wollte nicht, dass die Töchter sich an der Hausarbeit beteiligten. Das finde ich im Rückblick erstaunlich. Ein Grund – zugegeben sehr spekulativ – könnte sein, dass er meine Schwester und mich unbewusst wie Jungen großzog, nachdem das erste Kind meiner Eltern, ein Sohn, kurz nach der Geburt gestorben war. Ein anderer, weniger spekulativer Grund: Mein Vater war dagegen, dass meine Mutter etwas hinzuverdiente. Es hätte das Machtgefüge zu Hause verändert. Solange sie sich praktisch um alles allein kümmern musste, also um Kinder, Küche, Hausarbeit, Garten, Haustiere, gab es kaum Spielraum für bezahlte Arbeit. Der Vater blieb der Alleinverdiener und derjenige, der alles bestimmte. Daran änderte sich auch nichts, als er in Frührente ging.

Ich hatte als Schulkind und Jugendliche nie einen Staubsauger in der Hand, wusste nicht, wie man Fenster putzt, geschweige denn ein Mittagessen zubereitet. Die Mutter machte alles allein. Fast alles: Beim Abwasch helfen war in Ordnung und nach der »Großen Wäsche« mit ihr die von der Leine genommenen Betttücher in Form ziehen ebenso.

Als ich jung heiratete, hatte ich so gut wie keine Ahnung von Hausarbeit. Ich konnte gerade einmal ein Omelett zubereiten. Mit Handarbeiten sah es etwas besser aus: Dass ich mit vierzehn Jahren häkeln, sticken, Säume nähen und ein bisschen stricken konnte, verdankte ich aber allein dem Handarbeitsunterricht in der Realschule. Die Mutter, eine begnadete Handarbeiterin, fertigte mit ihren Strick- und Häkelnadeln und auf der Nähmaschine zwar die schönsten Sachen. Interesse daran, diese Fertigkeiten weiterzugeben, hatte sie offenbar nicht.

Ich erinnere mich an meinen Mut als junge Frau, einen Schal zu stricken. Meine Mutter war zu Besuch in München, sieht den angefangenen Schal und die leider etwas unregelmäßig geratenen Maschen. Ohne ein Wort zu sagen, nimmt sie das Strickzeug in die Hände und strickt den Schal zügig fertig.

Sie wollte oder konnte nichts erklären, sie machte es lieber selbst. Ich versuchte es dann noch einmal und strickte Anziehsachen für einen Teddybären. Mein jüngerer Sohn, der mit dem Teddybären spielte, war nicht so kritisch und fand alles in Ordnung. Ein Glück für mich!

Sehe ich heute, was meine Enkelkinder alles können, bin ich sprachlos. Anton bringt zu meinen Geburtstagen, seit er vierzehn geworden ist, einen selbst gebackenen Kuchen als Geschenk mit. Lieb von ihm und praktisch für mich: Kuchenbacken liegt mir bis heute nicht besonders.

Mutter schlug die Hände über
dem Kopf zusammen

Mit Lob und Anerkennung gingen meine Eltern genauso sparsam um wie mit dem Geld. Niemals erwartete ich, gelobt zu werden, jedenfalls nicht bewusst.

Als ich eine Zeit lang kleine Texte für die Kinderseite der »Bäckerblume« schrieb, äußerten sich die Eltern – wenn überhaupt – höchstens skeptisch. Sie sprachen weder darüber, dass ich Geschichten an diese Zeitung schickte, noch darüber, dass sie gedruckt wurden. Sie begriffen nicht, was es für mich bedeutete und enthielten sich einer Meinung dazu. Dass ihre Jüngste nicht nur für die Schule, sondern freiwillig Aufsätze schrieb, verbuchten sie vielleicht sogar als Flausen, die wieder vergehen würden. Das Leben meiner Eltern war auf Alltagsbewältigung ausgerichtet und nicht darauf, kindliche Fantasien zu fördern.

Bei meiner Deutschlehrerin an der Realschule in Osterfeld sah es ähnlich aus. Ihr war alles was mit Fantasie zu tun hatte geradezu suspekt. Einmal hieß ein Aufsatzthema: »Mutter schlug die Hände über dem Kopf zusammen«. Da hatte ich viel Spielraum und wusste sofort, worüber ich schreiben wollte: Ich fahre mit meiner Familie in die Ferien, natürlich mit dem Auto und selbstverständlich ans Meer. Alles ist sehr chaotisch, mit viel Gepäck und mir und meiner quirligen Zwillingsschwester dazwischen. Dann kommt's! Wir sind schon fast an der Nordsee und der Vater biegt für eine Fahrpause von der Straße ab. Als alle ausgestiegen sind, stellen wir fest, dass unser Hund fehlt …

Der war in meiner Geschichte wohl schon ziemlich alt, jedenfalls lag er während des Gepäck-Rausschleppens schlafend auf seiner Decke unter der Küchenbank und hatte unseren trubeligen Aufbruch gar nicht mitbekommen. Anlass für die Mutter, die Hände über dem Kopf zusammenzuschlagen.

Fast der gesamte Text war reines Wunschdenken. Wir hatten weder ein Auto, noch fuhren wir jemals gemeinsam weg. Ich hatte auch keine Zwillingsschwester.

Als wir die Aufsätze zurückbekamen und die Lehrerin meinen auf die Schulbank legte, fragte sie mich – mit deutlich hörbarem Zweifel in der Stimme: »Du hast eine Zwillingsschwester?« Ihre unfreundlich dreinschauenden Augen ergänzten lautlos: »Die müsste ja wohl mit dir hier in der Klasse sitzen.« Als ich wahrheitsgemäß mit »Nein« antwortete, hatte ich das Gefühl, bei einer schlimmen Lüge ertappt worden zu sein.

Meine kindliche Fantasie erhielt aber nicht nur von Seiten der Erwachsenen immer wieder Dämpfer. Manchmal war es auch die Realität selbst, die für Ernüchterung sorgte.

Ich erinnere mich an die erste Einladung bei meiner Schulfreundin Sonja. Sonja wohnte außerhalb der Bergarbeitersiedlung in einem Mehrfamilienhaus Richtung Osterfeld-Mitte. Täglich kam ich dort vorbei, auf meinem Weg zur Realschule. Die Häuser waren neu erbaut, mit hellem Verputz, und nicht rußgeschwärzt wie die Häuser am Stemmersberg. Das muss meine Fantasie beflügelt haben.

Auf dem Weg zu Sonja sah ich die Wohnung ihrer Eltern in Gedanken schon deutlich vor mir: Alles war schöner, größer und in jeder Hinsicht beeindruckender als bei uns zu Hause: Im Wohnzimmer stand ein riesiges Ledersofa, wie ich es vom Bonanza-Schauen kannte, und vor den großen Fenstern hingen luftige weiße Gardinen bis zum Boden, die sich sachte im Wind bewegten. Ob es die bei der Cartwright-Familie auch gab, weiß ich nicht mehr. Jedenfalls habe ich die Wohnung meiner Schulfreundin in Gedanken großzügig mit diesen Gardinen ausgestattet.

Ich hätte mir bei Sonja gerne alles in Ruhe angeschaut. Doch als ich ankam, schob die Mutter uns gleich resolut ins Kinderzimmer. Offenbar wollte sie ungestört bleiben. Mir gelang nur ein neugieriger Blick ins Wohnzimmer, aber der genügte, mich auf den Boden der Tatsachen zurückzuholen. Das Wohnzimmer war zwar etwas größer als das bei uns zu Hause, von Ledersofas und luftigen Vorhängen bis zum Boden aber keine Rede! Stattdessen Gardinen, die knapp unterhalb der Fensterbänke endeten, und rechts und links davon gemusterte Vorhänge. Das kam mir sehr bekannt vor.

Ich war wieder einmal maßlos enttäuscht, weil meine Fantasie mir einen Streich gespielt hatte.

Begrüßung in der Küche

Unsere Küche war Esszimmer, Nähzimmer, Hausaufgabenzimmer und noch viel mehr. In der Küche spielte sich unser halbes Leben ab. Dort ließ sich auch alles Schriftliche erledigen: vom privaten Brief über das Haushaltsbuch bis zum Behördenkram.

In der Küche las der Vater die Tageszeitung von Anfang bis Ende, Todesanzeigen inklusive. Am Schluss löste er das Kreuzworträtsel; anwesende Familienmitglieder durften sich beteiligen. Die Mutter nahm selten die Zeitung in die Hand. Das Meiste erfuhr sie eh vom Vater. Fand er einen Artikel allgemein interessant, las er ihn vor und kommentierte ihn anschließend auch noch. Dabei sprach er Wörter grundsätzlich so aus, wie sie geschrieben wurden, auch wenn er abends in den Nachrichten die korrekte Aussprache hörte. Aus New York wurde grundsätzlich »Neffjork«, aus dem französischen Präsidenten de Gaulle wurde »Degaule«.

Meine Hausaufgaben machte ich ausnahmslos in der Küche. Auf die Idee, mich an den kleinen Schreibtisch im Kinderzimmer zu setzen, kam ich gar nicht. Das Kinderzimmer war für mich nur ein Schlafzimmer und das Schreibtischchen wie der Kleiderschrank nichts anderes als ein Möbelstück, in dem man etwas aufbewahren konnte; tagsüber hielt ich mich selten dort auf. Das hing auch damit zusammen, dass Kinder- und Elternschlafzimmer im Obergeschoss nicht geheizt werden konnten. Eine später angeschaffte mobile Elektroheizung wurde aus Sparsamkeitsgründen so gut wie nie eingeschaltet. Es genügte, dass es sie gab.

Auch wenn Besuch kam, hielten wir uns auch in der Küche auf. Wurde es zu eng, wanderten die Jüngeren ins Wohnzimmer, die

Erwachsenen blieben in der Küche. Es ging weniger darum, das Wohnzimmer besonders zu schonen. Die Küche war einfach praktisch; es war undenkbar, sich zum Essen oder Kaffeetrinken in größerer Runde an den niedrigen Tisch im Wohnzimmer zu setzen, und Platz für einen Esstisch und Stühle gab es nicht.

Als ich einmal morgens in die Küche kam, ich war kaum älter als neun oder zehn Jahre, wartete dort eine Überraschung auf mich. In einem Wäschekorb unter dem Tisch, ausgelegt mit einer alten Wolldecke, lag etwas Fremdes, Lebendiges, absolut Unvorstellbares: ein Boxerwelpe, der ängstlich und freudig zugleich zu mir hochschaute. Ein paar Sekunden lang blieb ich gebannt stehen, bevor ich unter den Tisch kroch und wir uns begrüßten. So etwas Weiches, Warmes, Knuddeliges!

Wie der Vater auf die Idee gekommen war, ein Hundebaby anzuschaffen, blieb ein Rätsel. Vermutlich hatte er gar keinen Plan, sondern kaufte den Winzling, weil es ihm gerade gefiel.

Cilla entpuppte sich über die Welpenzeit hinaus als liebenswertes und anpassungsfähiges Geschöpf. Bevor sie ausgewachsen war, gehörte sie schon zur Familie. Wie alle anderen auch, hielt sie sich gern in der Küche auf und trollte sich nur, wenn es ihr zu bunt wurde oder sie jemandem aus dem Weg gehen wollte.

Zwei Rivalen auf dem Sofa

Sehr lange stand bei uns in der Küche ein gemütliches Sofa mit gerundeten Armlehnen, festen Sitzpolstern, in denen man nicht versank, und bequemen Rückenpolstern. Es hatte eine angenehme Sitzhöhe und war bei jedem beliebt, der nicht gern auf einem Holzstuhl saß.

Solange unsere Cilla klein war, interessierte sie sich nicht für das Sofa. Das änderte sich schnell, als sie groß genug war und springen konnte. Kamen die Großeltern zu Besuch, gab es regelrechte Tumulte. Unserer klugen Boxerhündin war es nicht entgangen, dass der Großvater das Sofa ebenso schätzte wie sie. Sobald sie nur seine Stimme hörte, vergaß sie alles andere – Fressen, Spielen, Ausruhen – und rannte in die Küche. Mit einem Satz sprang sie auf das Sofa, beziehungsweise auf das für sie ausgebreitete Tuch, und streckte ihren Körper samt Beinen so lang aus, dass ihre Proportionen nicht mehr stimmig waren. Wir schoben sie dann so gut es ging ein Stück zusammen, um Platz für den Großvater zu schaffen.

Wenn beide endlich saßen und Ruhe herrschte, vermieden sie es grundsätzlich, sich gegenseitig zur Kenntnis zu nehmen. Cilla spürte natürlich, dass der alte Mann sie nicht mochte. Und sie mochte ihn auch nicht. Sobald sie merkte, dass niemand sie vertreiben würde, besonders der Störenfried neben ihr, sprang sie freiwillig vom Sofa und suchte sich einen Platz im Flur, wo es ruhiger, kühler und in jeder Hinsicht angenehmer für sie war. Bestimmt schlief sie dort bald ein und träumte zufrieden von erfolgreich beendeten Revierkämpfen.

Verabschiedeten sich die Großeltern am Abend, taten die Kontrahenten so, als ob sie sich nicht kennen würden. Jeder schaute am anderen vorbei oder durch ihn hindurch.

Später wurde das Küchensofa durch eine ebenso pflegeleichte wie hässliche Eckbank mit aufklappbaren Sitzteilen ersetzt, unter denen sich Stauraum für Spiele und andere Sachen befand. Für Hund und Großvater gab es keinen Lieblingsplatz mehr, um den sie hätten kämpfen müssen. Das änderte nichts an ihrer Haltung zueinander. Sobald sie sich nur sahen, schauten beide missmutig drein und gingen einander aus dem Weg.

Der neue Wellensittich

Die Welt meines Vaters war überschaubar. Er unternahm keine Reisen und verließ die Stadt nur, wenn es ärztlich verordnet war und er zur Kur geschickt wurde.

Als er schon längst in Rente war, hielt er sich in der wärmeren Jahreszeit oft draußen auf: entweder im Garten, mit irgendetwas beschäftigt, etwa mit den Hühnern und Kaninchen, oder, völlig untätig, an der Treppe zur Straße hin; das rechte Bein ausgestreckt auf der untersten Treppenstufe, das linke stark angewinkelt auf dem Mauerabsatz. So stand er mit leicht vorgebeugtem Oberkörper und entspannt auf dem Oberschenkel abgelegten Unterarmen und registrierte das Kommen und Gehen auf der Straße.

Das muss kurzweilig gewesen sein; ständig kamen Nachbarn vom Einkauf oder vom Arztbesuch vorbei, blieben stehen und unterhielten sich mit dem Vater.

War er nicht draußen, fand man ihn oft im Keller, wo sämtliches Werkzeug untergebracht war, unter anderem Utensilien für Schuhreparaturen, die er besonders gerne verwendete, halfen sie doch Geld zu sparen.

Wurde das Wetter ungemütlich und er fand weder draußen noch im Keller etwas zu tun, zog sich mein Vater in die Küche zurück. Später, als er kränker wurde und Hühner und Kaninchen längst abgeschafft waren, hielt er sich am liebsten dort auf und mischte sich gern in die alltägliche Arbeit der Mutter ein. Er half nicht etwa mit, sondern gab ungefragt Ratschläge. Als es einmal Reibekuchen geben sollte, schlug er vor: »Nimm doch mal eine Zwiebel mehr als sonst.« Mutter sagte nichts dazu und ließ die zusätzlich empfohlene Zwiebel weg.

War die Zeitung von der ersten bis zur letzten Seite gelesen und kommentiert, bespielte der Vater unseren Wellensittich, oder auch umgekehrt. Beide standen sich sehr nah; sie begegneten sich quasi auf Augenhöhe: Der Vater saß auf dem Stuhl zwischen Eckbank und Nähmaschinenschrank, auf dem der Vogelkäfig mit Kiki stand.

Ein Spiel der beiden hieß »Körnerpicken«. Dabei saß der Vogel auf Vaters Zeigefinger und pickte die Körner heraus, die dieser sich zwischen die geschlossenen Lippen gesteckt hatte. Kiki machte das so vorsichtig, dass nie etwas passierte.

Oder er setzte sich vorne auf Vaters Brillengestell und krallte sich mit seinen Füßchen daran fest. In einem Handspiegel, der immer griffbereit lag, bewunderten sie sich gegenseitig. Tierschützer hätten diese Spielereien nicht lustig gefunden, weiß man inzwischen doch, wie verwirrend Spiegel für Vögel sind.

Den Höhepunkt an Gelehrsamkeit bewies unser Wellensittich, als er sich einmal länger unbeachtet fühlte und es ihm anscheinend langweilig war. Er pfiff plötzlich den Anfang von *Die Brücke am Kwai*, ein Lied, das damals oft im Radio zu hören war. Der Vater hatte es ihm tausendmal vorgepfiffen.

Wurde zu Hause über etwas gesprochen, das ihn nicht interessierte, lenkte er vom Thema ab und lotste das Gespräch geschickt in eine andere Richtung Das änderte sich auch nicht, als ich längst erwachsen war. Als ich einmal bei einem Besuch in Oberhausen von meiner Norwegenreise erzählen wollte, kam ich nicht sehr weit. Der Vater stellte keine Fragen, wollte nichts von meinen Erlebnissen erfahren. Stattdessen berichtete er ausführlich, welche Kunststücke der neue Wellensittich inzwischen gelernt hatte. Sein Vorgänger Kiki war irgendwann davongeflogen und hatte meinen Vater in seiner kleinen Welt zurückgelassen.

Weil es ihm gefiel

Als Cilla ins Haus kam, hatten wir noch Hühner, um die sich der Vater kümmerte. Einmal kam er in der kälteren Jahreszeit mit vier Eiern in die Küche und legte sie vorsichtig in einen Schuhkarton, der schon auf einem Hocker zwischen Kohleofen und Wand bereitstand und mit einem Stoffrest ausgelegt war. Die Eier hatte er einem brütenden Huhn weggenommen und mir erklärt, es wäre zu kalt im Hühnerstall. Deshalb sollten die Küken bei uns im Warmen weiterwachsen und schlüpfen. Insgesamt würde das ungefähr drei Wochen dauern.

Als die Zeit vergangen war, horchte der Vater auf Geräusche, sooft er in die Küche kam. Dann war es endlich soweit. Wir stellten den Karton auf den Tisch und setzten uns dazu. Keiner durfte sich auch nur rühren, bis wir die erst zaghaften, dann kräftigeren Klopf- und Pickgeräusche aus den Eiern hörten. Gespannt verfolgten wir, wie die Eierschalen zerbrachen, sich ein Küken nach dem anderen langsam aus seiner Hülle befreite und sofort versuchte, sich auf seine unsicheren Beinchen zu stellen. Eines purzelte aus seiner zerbrochenen Schale und blieb wie benommen liegen, bevor es torkelnd auf die Beine kam. Ein anderes Küken versuchte, ein Stückchen Eierschale loszuwerden, das auf seiner Stirn klebte.

Nach ein paar Tagen kamen die Kleinen in den Hühnerstall zu ihrer Mutter, die sich weiter um sie kümmerte.

Eines Tages waren sämtliche Hühner verschwunden. Ich komme aus der Schule und auf dem Ofen köchelt in einem großen Topf Hühnersuppe mit Fleischeinlage! Mein Vater hatte die Tiere am Vormittag von einem Nachbarn schlachten lassen.

Ich kann nicht sagen, dass ich richtig traurig war, aber sie fehlten mir doch, weil sie jahrelang so selbstverständlich da waren.

Vielleicht fehlten die Hühner auch dem Vater. Oder ihm war es langweilig ohne Federvieh. Ich weiß es nicht. Jedenfalls waren Stall und Freilauf eine Woche nach dem großen Schlachten nicht nur gründlich gereinigt, sondern auch wieder bewohnt.

Obwohl er sonst nie selbst einkaufen ging und nicht einmal auf die Idee gekommen wäre, mit der Mutter zum Wochenmarkt zu gehen – er hätte ihr zum Beispiel tragen helfen können – war mein Vater allein zum Markt gegangen und mit einem schönen Zwerghahn und drei fast ebenso schönen Zwerghennen zurückgekommen. Lauter Jungtiere, die noch wachsen würden, wie er verkündete. Und weil es ihm gefiel, zog er eine Woche später noch einmal los und brachte drei weitere Hennen nach Hause.

Die farbenfrohe Hühnerschar war weniger nützlich und legte nur winzige Eier, aber mein Vater hatte seinen Spaß!

Mäusefallen und Hühnertränke

Mein Vater mochte keine herkömmlichen Mäusefallen aus Metall. Eines Tages kam er auf die Idee, eine Falle zu bauen, bei denen die Mäuse nur gefangen aber nicht verletzt oder gar getötet wurden. Die Falle bestand aus einem massiven Holzboden, einem flachen Dach und drei Seitenwänden aus dünnen Holzlatten. Ihr Herzstück war ein filigranes Fallgitter aus dünnen Stäben, das bei geringster Bewegung hunterfiel, sobald eine Maus sich von einem Stück besten Goudas hatte anlocken lassen. Schaute die Maus meinem Vater morgens gesättigt und zufrieden entgegen, hatte sie nichts zu befürchten. Er trug sie mitsamt Falle aufs Feld hinter unserem Garten und ließ sie dort wieder frei.

Ob das sinnvoll war? Meine Mutter, meine Schwester und ich vermuteten, dass dieselbe Maus immer wieder zu uns zurückkehrte. Sie hatte höchstens 200 m zu laufen und freute sich vermutlich schon auf das nächste Stückchen Gouda oder etwas ähnlich Schmackhaftes.

Auch die Hühner profitierten vom Erfindungsgeist des Vaters. Er erfand für sie ein einfaches System, um sie ständig mit Frischwasser zu versorgen. Ein Wasserbehälter war an der äußeren Stallwand befestigt, woraus Wasser durch eine schmale Röhre in den Trinknapf lief. Sobald der Pegel im Napf einen bestimmten Punkt erreicht hatte, floss kein Wasser mehr nach. Heute kann man etwas Ähnliches in jeder Zoohandlung kaufen; in den 50er Jahren gab es aber weder Zoohandlungen noch Baumärkte. Und hätte es sie gegeben, wäre es meinem Vater nie eingefallen, für solche Spielereien Geld auszugeben.

Von anderen Talenten meines Vaters hörte ich erst später. Eines davon war sein kaufmännisches Geschick, das sich offenbar schon früh zeigte. Wann immer seine Mutter ein Huhn oder ein Kaninchen verkaufen wollte, schickte sie ihren Jüngsten los. Wenn es nicht anders ging, ließ sie ihn dafür sogar die Schule schwänzen. Schon mit zwölf oder dreizehn Jahren soll er auf diese Weise mehr Geld heimgebracht haben als jeder andere in der Familie.

Fast verlobt

Von unserer Nürnberger Verwandtschaft mochte ich Tante Erna sehr gern, Cousine Helga auch, am meisten aber Siegfried, meinen sechs Jahre älteren Cousin.

Wie ich zu Onkel Heinrich stand, ist etwas unklarer. Ich weiß nur noch, dass ich ihn oft nicht verstand, weil er Fränkisch sprach. Andererseits verdanken wir ihm viele Fotos, die er auf Familienfeiern und Ausflügen von uns machte. Außerdem erweiterte er unseren kulinarischen Horizont: Bei manchen Besuchen stand er als Koch in Omas Küche, um zum Osterbraten Nürnberger Kartoffelknödel beizusteuern, die wir alle gern aßen.

Mit vielleicht zehn oder elf Jahren verliebte ich mich in Siegfried. Siegfried sah gut aus und hatte dieselben schwarzen, glänzenden Haare wie viele in der Familie meiner Mutter. Er war eher still, aber nicht ungesellig, und ähnelte auffällig Onkel Willi. Die Verliebtheit, von der niemand wusste, steigerte sich soweit, dass ich mir irgendwann einbildete, meinen Cousin später zu heiraten.

Siegfried mochte mich auch, das dünne Ding mit den langen Zöpfen. Er behandelte mich nie von oben herab wie ein kleines dummes Mädchen und wich auch meinem Wunsch nach Nähe nicht aus. Ich erinnere mich an einen unserer Spaziergänge im Kaisergarten. Ich ging die ganze Zeit glücklich an Siegfrieds Seite, meine kleine Hand von seiner gehalten.

im Kaisergarten

Gemeinsam schauten wir uns alles an: Die winzigen Entenküken, die am Teichrand schwimmen übten, die Vögel in den Volieren und die Jungtiere im Freigehege. Wie ich neben Siegfried, spazierten sie auf dünnen Stelzenbeinen neben ihren Müttern. Nach diesem Ausflug, ich war vielleicht elf Jahre alt, sah ich mich in meinen ungestörten Gedanken schon fast verlobt.

Aber dann, vier oder fünf Jahre nach diesem Spaziergang im Kaisergarten, kam der Brief, der mich an meine einseitigen und inzwischen fast vergessenen Verlobungspläne erinnerte: Siegfried hatte sich mit einer anderen verlobt und kündigte seine Hochzeit an. Später erfuhr ich, dass seine Freundin schwanger war und die Heirat nicht ganz freiwillig zustande kam.

Obwohl ich kaum noch an meinen Nürnberger Cousin gedacht hatte, spürte ich so etwas wie einen Verlust, der mich ein wenig traurig machte.

Mein Freund und seine Brüder

Als ich noch bei meinen Eltern wohnte, hatte ich einen Freund, der mich an Sonntagen manchmal zusammen mit seinen Brüdern zu einem Ausflug abholte. Was ich ganz praktisch fand, denn einer von ihnen hatte ein Auto, was unseren Bewegungsradius deutlich vergrößerte.

Seine Eltern lernte ich nie kennen. Mein Freund deutete an, seine Familie gehöre einer religiösen Gemeinde an, vielleicht auch einer Sekte, was ein Zusammentreffen schwierig gemacht hätte. Für mich war das völlig in Ordnung; ich suchte keine Beziehung, die mich in absehbarer Zeit für immer an Oberhausen binden würde. Das habe ich mir damals natürlich nicht bewusst klargemacht, aber heute weiß ich, dass es so war.

An einen Sonntag erinnere ich mich besonders lebhaft. Die Brüder tauchten wie gewohnt im Dreierpack auf, um mich abzuholen.

Dieses Mal war mein Vater schneller an der Tür als ich und nutzte die Gelegenheit, zu den Dreien rauszugehen, um ihnen ein wenig auf den Zahn zu fühlen. Dass es brave Jungs waren, war unschwer zu erkennen: keine langen Haare, korrekt gekleidet, mit weißen Hemden, Jacketts und Krawatten, wie geradewegs aus der Sonntags-schule. Sehr gut möglich, dass sie tatsächlich von einem Gottesdienst ihrer Gemeinschaft kamen.

Ihre Berufe ließen ebenfalls keinen Zweifel an ihrer Seriosität aufkommen. Der eine war Postbeamter, der andere machte eine Ausbildung zum Industriekaufmann, vom dritten und ältesten weiß ich nicht mehr, welchen Beruf er hatte, vermutlich auch etwas mit Büro und viel Sitzen. Aber das wusste mein Vater alles schon. An diesem Sonntag musste es ihm um etwas anderes gehen.

Als ich rauskam, wollte er gerade wissen, welchen Sport sie trieben; eine Frage, die von meinem Freund und seinen Brüdern eher zurückhaltend beantwortet wurde. Keiner konnte von sich sagen, er sei Leichtathlet, keiner spielte Fußball, keiner war Wettschwimmer. Und das bisschen Tischtennis und gelegentlich Schwimmen im Sterkrader Hallenbad, wo wir uns auch trafen, erwähnten sie erst gar nicht.

Eine wunderbare Steilvorlage für meinen Vater. Er erzählte nämlich nicht nur gern von seinen früheren sportlichen Leistungen, er demonstrierte auch gern, wozu er immer noch imstande war. Und nun standen da drei brave Jungs vor ihm, die sich ohne Häme anschauen würden, was Ilkas Vater ihnen zeigen wollte.

Er führte uns zur Teppichstange, die zwischen Garten und Ställen montiert war. Dort begann er langsam den linken Ärmel seines Hemdes bis zur Achsel aufzukrempeln. Er zeigte seinen kriegsversehrten Arm, den er sonst grundsätzlich verborgen hielt. Jeder konnte sehen, dass mit diesem zerschossenen, dünnen Oberarm ohne Muskulatur nicht viel anzufangen war. Dann umfasste er die Teppichstange mit der Hand seines gesunden Arms, während er mit der Hand des weitgehend kraftlosen Arms das Handgelenk an der Stange umspannte. Mein Freund und seine Brüder standen schweigend da und warteten gespannt. Mein Vater holte tief Luft und zog sich mit einem Arm, scheinbar ohne Anstrengung, so hoch, dass er mit dem Kopf über die Stange kam. Er blieb drei, vier Sekunden in dieser Position, bevor sein Körper langsam wieder Richtung Boden ging. Das wiederholte er drei- oder viermal.

Woher er die Luft nahm für diesen Wahnsinn, hätte ich gern gewusst. Schließlich lebte er mit einer halben Lunge, nachdem die andere Hälfte krankheitsbedingt »stillgelegt« worden war. Das hatte er den jungen Männern vorher auch erzählt, damit sie seine Kraftdemonstration verlässlich würdigen könnten.

Beeindruckt und auffallend einsilbig verabschiedeten sich die Drei von meinem Vater und wir fuhren endlich los; möglicherweise zum Minigolfen oder zum gemächlichen Bootfahren auf dem Baldeneysee in Essen, so genau weiß ich das nicht mehr. Auf jeden Fall blieb die körperliche Anstrengung bei uns immer überschaubar, egal wohin wir fuhren.

Der Junge aus Köln

Als Kind verbrachte ich einmal zwei Wochen in Holland auf einem Campingplatz am Meer. Unsere Nürnberger Verwandten hatten mich mitgenommen. Als ich mich einige Jahre später daran erinnerte, bekam ich plötzlich Lust auf Holland und Meer. Dieses Mal allerdings ohne Verwandte und ohne Campingplatz. Ich hatte meine Lehre in Oberhausen abgeschlossen, war finanziell unabhängig und spürte den Drang nach Freiheit und frischer Luft. Dass ich im Sommer achtzehn wurde und es an der Zeit war, mich von zu Hause abzunabeln, spielte wohl auch eine Rolle.

In unserer Tageszeitung entdeckte ich die Anzeige eines Reiseveranstalters, der eine Busfahrt und einen Aufenthalt mit einer Jugendgruppe in Zandvoort anbot. Es war genau das, was ich mir wünschte: Zandvoort liegt direkt am Meer, nicht sehr weit entfernt von Amsterdam. Ich buchte ohne zu zögern. Gemeinsam mit den anderen Jugendlichen wohnte ich in einer zum Gästehaus umgebauten Villa, außerhalb des Zentrums, umgeben von einem schönen Garten.

Ich fand alles spannend, neu und aufregend: ein Zimmer für mich allein, das Zusammensein mit Gleichaltrigen, fast jeden Tag Ausflüge. Und nicht zu vergessen: keine gutgemeinten Ratschläge meines Vaters, keine Kontrolle und keine Kommentare.

Es wurde ein Sommer der absoluten Höhepunkte. Die erste Landung auf dem Mond stand bevor. Wir gingen in dieser Nacht nicht schlafen, sondern saßen aufgeregt vor dem Fernseher. Keiner von uns wollte das Weltereignis verpassen. Dass niemand Holländisch verstand, war unwichtig, die Bilder genügten. Als Neil Armstrong morgens um halb vier herum seinen berühmten ersten Schritt tat, war schon der 21. Juli und ich inzwischen 18 Jahre alt. In der ganzen Aufregung hatte ich meinen Geburtstag vergessen!

In Zandvoort lernte ich einen richtig netten Jungen kennen, der mit seinem Motorrad von Köln nach Holland gekommen war. Wir machten zusammen Ausflüge, bei denen ich keinen Helm trug. Beunruhigt hat mich das damals nicht. Ich mochte es, den kühlen Wind im Gesicht und am Körper zu spüren.

An einem der letzten Tage fuhren wir nach Amsterdam. Hand in Hand streiften wir durch die Stadt, bewunderten die Grachten und die Hausboote. Leben auf einem Boot; wie fühlt sich das an?

Dann entdeckten wir einen Plattenladen und gingen hinein. Wir schauten uns ein bisschen um, wählten ein paar Singles aus und verschwanden in einer der Kabinen. Es war ziemlich eng und heiß, aber das störte uns nicht. Wir setzten Kopfhörer auf und legten die erste Platte auf. Ich glaube, es waren die Beatles. Die letzte Platte war, ich weiß es noch genau, »Je t'aime«, mit Jane Birkin und Serge Gainsbourg.

Der Junge und ich sehen uns an. Jetzt ist es uns doch zu eng und zu heiß. Verlegen und etwas aus dem Gleichgewicht, nehmen wir die Kopfhörer ab, legen sie vorsichtig auf die Ablage und verschwinden aus dem Laden.

Oder war es ganz anders? Haben wir uns in der Kabine wild geküsst, die Platte gekauft, uns vor dem Laden ewige Liebe geschworen? Ich glaube nicht, aber ehrlich gesagt, weiß ich es auch nicht mehr.

Als ich wieder in Oberhausen war, dachte ich manchmal an den Jungen. Einmal kam er mich besuchen. Sein Motorrad hatte allerdings kurz vor unserem Haus einen Schaden, was den Besuch etwas kompliziert machte. Danach sahen wir uns nicht mehr. Der Sommer war vorbei, die Verliebtheit auch.

Was aber nicht verschwand, war die Sehnsucht nach frischer Luft, nach Veränderung. Ich fing an Bewerbungen zu schreiben und nahm ein Stellenangebot aus Bayern an. Drei Monate später, Anfang Januar, verabschiedete ich mich von meiner Familie und fuhr mit kleinem Gepäck ins Allgäu; die Eltern würden den Rest schicken.

Der saubere Schnee in Oberstaufen, rechts und links von den schmalen Straßen meterhoch angehäuft, die klare Luft, der Blick auf die Berge, das war fast zu viel für das Mädchen aus dem Ruhrpott.

Mein unbekannter Bruder

Meine Eltern hatten vor mir und meiner Schwester schon ein Kind bekommen. Es war ein Junge, der kurz nach seiner Geburt starb. Über dieses Unglück habe ich sie niemals sprechen hören. Ich wusste deshalb nur gerüchteweise, dass wir einen Bruder hatten, der mit drei Wochen gestorben sei, weil es keine Milch für ihn gab. Ein weiteres Gerücht, das in der Familie kursierte: Der Vater soll unserer Mutter verboten haben, das Grab des Jungen zu besuchen. Als Jugendliche fragte ich mich manchmal: »Warum hat er das getan?«, und fand keine schlüssige Antwort. Mit diesem Halbwissen zog ich zu Hause aus und dachte Jahrzehnte lang nicht mehr daran.

Dann packte mich plötzlich die Neugier. Die Letzte, die ich fragen konnte und die sich erinnern würde, war Tante Ruth, die Schwester meiner Mutter. Sie erzählte mir, unser Bruder sei in einem Krankenhaus zur Welt gekommen und alles schien in Ordnung gewesen zu sein. Als meine Mutter eine Woche nach der Geburt aus dem Krankenhaus entlassen wurde, habe man ihr das Neugeborene in die Arme gelegt, ohne auch nur anzudeuten, dass gar nichts in Ordnung war.

»Zuhause haben deine Eltern schnell gesehen, dass etwas nicht stimmt. Sie sind zu einem Kinderarzt gegangen, der das Baby gründlich untersucht hat.«

Im Gegensatz zu den Schwestern im Krankenhaus sagte er ihnen die Wahrheit: »Man kann nichts tun. Das Kind wird sterben.« Es muss sich um eine Missbildung gehandelt haben. Genaueres erfuhr niemand.

Meine Tante wusste auch noch, dass der Vater einen kleinen Grabstein aus Zement fertigte, den Namen des Kindes eingravierte und ihn mit Bronzefarbe ausmalte. In einer Zeit, die hauptsächlich aus Mangel an allem bestand, muss es ihm im Tausch mit Lebensmittelkarten oder etwas anderem Begehrten gelungen sein, die benötigten Materialien zu beschaffen.

Ruths Geschichte ist traurig und tröstlich zugleich. Erlaubt sie mir doch, meinen Vater in einem anderen Licht zu sehen.

Nach über 40 Jahren hat meine Mutter dann doch einmal über das verlorene Kind gesprochen. Das sei bei einem ihrer ersten Besuche in Mecklenburg-Vorpommern gewesen, nach der Wende, erzählt mir Ruth. Plötzlich und wie aus dem Nichts habe die Mutter gefragt: »Wer hat sich damals eigentlich um das Grab des Jungen gekümmert? Immer wenn ich hinkam, lagen dort frische Blumen.«

Als Nesthäkchen der Familie hatte sich Ruth schon lange ein Geschwisterchen gewünscht. Sie war damals elf Jahre alt und freute sich wie alle anderen auf das Baby. Sein Tod muss für sie ein ähnlicher Schlag gewesen sein wie für meine Eltern. Im Frühjahr fing sie an, einmal in der Woche das Grab zu besuchen und Blümchen abzulegen. Nur ihre Mutter wusste davon und die erzählte es meinen Eltern nicht.

Meine Schwester und ich kamen danach als Hausgeburten zur Welt. Für meine Eltern muss der Gedanke an eine weitere Geburt im Krankenhaus eine schreckliche Vorstellung gewesen sein. Auch das weiß ich erst, seit ich mit der Tante über meinen unbekannten Bruder gesprochen habe.

Überraschung

Wie oft haben meine Schwester und ich in den zurückliegenden Jahrzehnten über unsere Kindheit gesprochen. Und wie wenig konnten wir gemeinsam klären. Irgendwann bin ich auf die Idee gekommen, mich selbst zu befragen, in der Hoffnung, die eine oder andere zufriedenstellende Antwort zu finden. Ich fragte mich zum Beispiel, wie es damals, um meine Geburt herum und die ersten Jahre danach, für meine Schwester gewesen sein könnte. Was mag der mögliche Auslöser gewesen sein, dass wir uns als Kinder niemals nahestanden, einander keine Geheimnisse anvertraut haben?

Vor mir sehe ich ein dreijähriges Kind, dem die Eltern nicht erzählt haben, dass es ein Geschwisterchen bekommen wird. Ich sehe Eltern, die ihr erstes Kind verloren hatten und mit niemandem darüber sprachen.

Im Sommer 1951, kurz vor meiner Geburt, brachte mein Vater Monika zu Oma und Opa nach Eisenheim, wo sie die nächsten Tage verbringen sollte. Das war nichts Besonderes, sie hatte auch früher schon bei ihnen übernachtet. Außer den Großeltern waren dort Tante Ruth, Onkel Willi und der Urgroßvater; alle würden sich mit der Dreijährigen beschäftigen. Bevor mein Vater ging, versprach er meiner Schwester eine Überraschung, wenn sie wieder nach Hause käme.

Ich male mir aus, wie Monika abends im Bett der Großeltern lag und daran dachte, was der Vater gesagt hatte. Wie sich das Wort »Überraschung« in ihrem Kopf eingenistet hat, ohne zu einem konkreten Bild zu werden. Womöglich haben Mutters jüngere Geschwister, Ruth und Willi, die natürlich Bescheid wussten, die Erwartung in den folgenden Tagen noch geschürt und beim Spielen die eine oder andere Andeutung gemacht. Verraten durften sie ja nichts. Auf jeden Fall war die Dreijährige aufgeregt, wenn sie abends wach im Bett lag.

Nach drei oder vier Tagen war es soweit. Alle saßen am Küchentisch und frühstückten, als die Oma verkündete: »Heute bringen wir dich zurück nach Hause.« Ruth kam mit, als sie sich mit Monika auf den Weg machte.

Ich kann mir gut vorstellen, dass die damals zwölfjährige Ruth es sich ein letztes Mal nicht verkneifen konnte, der kleinen Nichte etwas ins Ohr zu flüstern, etwas, das mit der Überraschung und ihrem Bettchen zu tun haben musste. Denn plötzlich war sich Monika sicher: Sie würde eine Puppe bekommen, eine Puppe mit dicken, dunklen Haaren wie die Mutter, die Oma und Onkel Willi sie hatten. Meine Schwester selbst hatte blondes, feines Haar, wie Tante Ruth. Daran, dass es eigentlich keinen Grund für ein großes Geschenk gab, dachte sie als Dreijährige bestimmt nicht.

Jetzt konnte es Monika nicht mehr schnell genug gehen und sie zog an der Hand der Großmutter. Endlich standen sie vor dem Haus in der Westerwaldstraße: unten ein Tapetengeschäft, darüber Mietwohnungen. Ganz oben, unter dem Dach, wohnten sie und ihre Eltern. Die Haustür stand offen, die Oma klingelte trotzdem. Ohne auf die anderen zu warten, lief die Kleine die Treppen hoch. Die Stiegen, sonst immer noch ein Hindernis, waren plötzlich nicht mehr zu hoch. Sie flog fast nach oben.

An der Wohnungstür stand der Vater. Er hob Monika kurz hoch, stellte sie aber gleich wieder auf die Füße und nahm sie an die Hand.

Komisch, muss die Dreijährige gedacht haben. Sonst trug der Vater sie doch immer in die Wohnung hinein, wenn er zu Hause war. Jetzt aber blieb er mit ihr an der Tür stehen, um auf die anderen zu warten. Als Oma und Tante Ruth schließlich oben waren, gingen sie zusamen ins Schlafzimmer – und Monika hatte nur noch einen Gedanken: Jetzt würde sie die Überraschung bekommen!

Im Bett lag die Mutter, winkte ihr zu. War das die Überraschung? Das konnte ja wohl nicht sein! Meine Schwester wurde immer aufgeregter. Doch erst nachdem meine Mutter ihr den Kopf gestreichelt hatte, konnte sie zu ihrem Bettchen laufen, das unter der Dachschräge im Halbdunkel stand. Aber da lag keine Puppe mit dunklen Haaren. Was da lag, war ein Baby mit zartem Haarflaum, das sich plötzlich gestört fühlte und anfing zu schreien.

Monika wusste gar nicht wie ihr geschah: Alle sahen sie plötzlich komisch an, die Mutter vom Bett aus, der Vater, der noch an der Tür stand, und die Oma, die ihr mit Ruth ans Bettchen gefolgt war. Sie alle schienen etwas von ihr zu erwarten. Aber was?

Die Dreijährige merkte, wie ihr vor Enttäuschung Tränen aus den Augen strömten. Doch die Erwachsenen hatten sich bereits über das Gitterbett gebeugt, in dem ich lag. Niemand achtete mehr auf das maßlos verwirrte und zornige kleine Mädchen.

meine Eltern mit meiner Schwester und mir

der Vater mit Monika und mir

Leuchtende Augen

Kurz nach meiner Geburt erkrankte der Vater an Lungentuberkulose. Er wurde operiert und danach immer wieder zur Kur geschickt. In Lungenheilanstalten im Sauerland und im Taunus lernte er, mit nur noch einem aktiven Lungenflügel zu leben und zu atmen. War er zu Hause, galten strenge Hygieneregeln. Striktes Abstandhalten war eine davon. In unserer Waschküche im Keller türmten sich von Woche zu Woche Berge von Wäsche, die nicht nur gewaschen, sondern auch desinfiziert wurde.

Während dieser Phase hatte meine Mutter wenig Zeit, sich mehr als eben notwendig um mich und meine drei Jahre ältere Schwester zu kümmern. Nachdem ich es nicht anders kannte, bin ich als kleines Kind damit gut klargekommen. Bei meiner Schwester, die viel Zuwendung gewöhnt war, war das anders. Ich erinnere mich daran, wie sie einmal gesagt hat: »Ich habe drei Jahre lang den Boden nicht berührt.« Der Vater hatte sie offenbar ständig herumgetragen, solange ich noch nicht auf der Welt und er halbwegs gesund war.

Nachdem Monika wenig Interesse an mir zeigte, wuchs ich fast wie ein Einzelkind auf und verbrachte viel mehr Zeit mit anderen Kindern draußen als mit meiner Schwester. Und wenn wir zu Hause doch einmal zusammen spielten, endete es oft mit Streit. Ich erinnere mich an boshafte Handgreiflichkeiten, wie sie unter Mädchen sonst eher selten sind. Die Krankheit des Vaters und das Elend zu Hause – Abstandhalten, Vermeidung körperlicher Nähe – hätten uns zusammenschweißen können, was aber nicht geschah. Daran änderte sich auch nichts, als die Ansteckungsgefahr vorbei war.

Die Defizite, die ich als Kind erlebte, wurden mir erst nach und nach bewusst. Niemals werde ich die stürmische Begrüßung vergessen, als die Nürnberger Verwandten nach längerer Zeit wieder einmal zu einem Kurzbesuch nach Oberhausen kamen. Sie waren, wie so oft, auf der Durchreise nach Holland. Ich sehe meine Cousine, die lachend auf meine Mutter zu läuft. Sie umschlingt sie mit beiden Armen und küsst sie auf die Wangen.

Nicht die stürmische Umarmung oder die Küsse waren verstörend für mich, sondern die leuchtenden Augen meiner Mutter.

Gefühle zeigen war mir fremd, und dass Nähe und Berührung so viel Freude auslösen können, wusste ich nicht.

Verbandswechsel

Wie viel Verbandszeug sollte in einem vierköpfigen Haushalt vorrätig sein, um im Bedarfsfall gerüstet zu sein? Für die meisten mag ein kleiner Verbandskasten genügen, vielleicht noch zwei oder drei Mullbinden und Pflaster zusätzlich im Badezimmerschrank. Bei uns stapelten sich Mengen davon in allen gängigen Größen. Als hätten meine Eltern außer ihren zwei Töchtern noch fünf rauflustige Söhne gehabt, die täglich mit neuen Verletzungen nach Hause gekommen wären. Die großen Vorräte an Mullbinden, Kompressen und Pflaster waren in den Nachtschränkchen meiner Eltern untergebracht, kleine Mengen für den Akutfall lagen griffbereit in einem kleinen Hängeschrank in der Küche. Neben dem Verbandsmaterial stand eine Flasche Jod; direkt daneben die Flasche mit Wundbenzin.

Lange habe ich die Vorratsmengen für einen Spleen meines Vaters gehalten. Erst viel später dachte ich an seine kriegsbedingten Verletzungen. Er lag wochenlang in einem Lazarett; im Krankensaal um ihn herum andere Versehrte mit ähnlichen und vermutlich auch schlimmeren Verletzungen. Er hatte das Glück im Unglück, dass sein linker Arm nach einer Schussverletzung nicht amputiert werden musste, sondern gerettet werden konnte. Die unzähligen Verbandswechsel müssen sich in sein Gedächtnis eingegraben haben.
Mein Vater hat das Lazarett nur erwähnt, gesprochen hat er darüber nicht. Was er dort gesehen und selbst erlebt hatte, zeigte sich in seinen Verbandsvorräten: Er wollte einfach vorbereitet sein.

Ich erinnere mich nicht, dass meine Mutter jemals auch nur ein Pflaster auf eine Wunde geklebt hätte. Immer war es der Vater; er säuberte und desinfizierte gnadenlos unsere schmutzigen Wunden, machte anschließend perfekte Verbände. Den Spruch »Ein Indianer kennt keinen Schmerz!«, bekamen wir kostenlos dazu, wenn Zähnezusammenbeißen nicht mehr half und dicke Tränen aus den Augen sprangen.

Als meine Schwester schon ein junges Mädchen war, wollte sie sich nicht mehr vom Vater verarzten lassen. Einmal war sie gestürzt und verheimlichte die Verletzung am Knie, die gerade noch durch Rock oder Kleid verdeckt blieb, so dass niemand sie sah. Tagelang zupfte und zog sie an ihrer Kleidung, bis sich die Wunde ernsthaft entzündet hatte und der Vater sie dann doch entdeckte. Er schickte sie mit einem provisorischen Verband zu unserem alten Hausarzt nach Sterkrade, der den Verband mit einem Ruck herunterriss. Dann desinfizierte er gründlich und verzichtete auch nicht auf Jod. Es stellte sich heraus, dass die Behandlungsmethoden von Dr. Zumstein und unserem Vater nahezu identisch waren: Beide waren nicht gerade zimperlich.

Mein Vater hatte im Lazarett nicht nur gelernt Verbände anzulegen, sondern auch eine starke Abneigung gegen Arztbesuche und Krankenhäuser entwickelt. Als er sich beim Heckenschneiden einmal schlimm verletzte, ging er wortlos in die Küche, reinigte und desinfizierte Finger und abgetrennte Fingerkuppe, fügte beides zusammen und verband den Finger in aller Ruhe. Die Wunde heilte ohne Komplikationen und ohne Kontrolle durch den Hausarzt. Der durfte aber weiter Mullbinden, Kompressen und Pflaster verschreiben.

Mein Vater, die Beatles und ich

Im Wohnzimmer meiner Eltern stand ein sogenannter »Musik-schrank«, ein sideboardartiges Möbelstück mit integriertem Radio und darunter, staubgeschützt hinter Schiebetüren, Plattenspieler und Plattenständer.
Zu den Schlagerlieblingen meines Vaters gehörten vor allem Lolita und Freddy Quinn. Dazu musste er keine Platten auflegen; ihre Schlager, in denen sich alles um Liebesweh, Fernweh und Heimweh drehte, waren oft genug im Radio zu hören. Sie weckten Gefühle, die im Widerspruch zu seinem realen Leben standen. Mein Vater war sesshafter als jeder andere Mensch um uns herum; selbst meine Oma war unternehmungslustiger, als sie nach der Grenzschließung 1961 beschloss, jedes Jahr ihre jüngste Tochter in der DDR zu besuchen.

Der Musikschrank wurde irgendwann durch ein anderes Mö-belstück ersetzt und wanderte ins Kinderzimmer. Als Ersatz, um Schlager zu hören, genügte ein Radiorecorder, der in der Küche stand und nicht viel Platz beanspruchte.
Alle tonerzeugenden Geräte wurden übrigens vom Vater bedient, beziehungsweise einmalig eingestellt. Diese Einstellungen blieben unverändert. Im Prinzip gab es nur die Einstellungen »Ein« und »Aus«. Um Ärger zu vermeiden, hielten wir uns weitgehend daran. Die Oberhoheit über Radio und Plattenspieler im Kinderzimmer war allerdings wortlos auf mich übergegangen. Eine Zeit lang drehte ich wie wild am Radio herum und suchte Stationen, die uns früher fremd waren: zum Beispiel Radio Luxemburg. Die Frequenzen prä-zise einzustellen, war nicht leicht und die Hörqualität bescheiden.

Was den Musikgeschmack betraf, gab es zu Hause keine Überra-schungen. Auf Lolita und Freddy Quinn folgten Wencke Myhre,

Gitte, Rex Gildo. Von Bob Dylan, Joan Baez oder Leonard Cohen erfuhr ich erst, als ich zu Hause ausgezogen war.

Aber bevor es soweit war, rollten die Stones und die Beatles ins Haus.

Als ein Konzertausschnitt der »Pilzköpfe« im Fernsehen übertragen werden sollte, sitze ich allein im Wohnzimmer und warte gespannt auf die berühmten Vier. Plötzlich erscheint mein Vater und setzt sich mir gegenüber in einen Sessel. Das passt mir überhaupt nicht. Wird er den Fernseher ausstellen und einen Vortrag halten? Mir ausführlich erläutern, was er von der neumodischen Musik aus England hält, den langen Haaren der jungen Männer? Nein, tut er nicht. Er wartet, bis die Beatles auf dem Bildschirm erscheinen und die Mädchen vor der Bühne anfangen zu kreischen. Ihre Aufregung überträgt sich auf mich. Ich habe meinen Vater glatt vergessen, bis ich durch das Gekreische der Mädchen seine Stimme höre:

»Wenn du auch hysterisch wirst, stelle ich den Kasten aus.«

Eine kurze, klare Ansage, die Wirkung zeigt. Meine Aufregung ist schlagartig vorbei. Ich sitze leblos wie eine Schaufensterpuppe vor dem Bildschirm, unbeteiligt und gleichgültig.

Am Schluss saß mein Vater allein im Wohnzimmer. Ich bin in die Küche gegangen und habe meine Hausaufgaben für den nächsten Schultag gemacht.

Sonntage mit den Cartwrights

Jeden Sonntag gingen meine Schwester und ich fein angezogen zum Gottesdienst. Was wir nicht vergessen durften: für den Vater mitzubeten. Was heute komisch oder lustig klingt, war vielleicht ernst gemeint. Unsere Eltern gingen nie mit in die Kirche. Die Mutter blieb zu Hause und kümmerte sich um das Mittagessen. Den Vater zog es manchmal, je nach gesundheitlicher Verfassung und Laune, zum Frühschoppen in die Gaststätte an der Stemmerstraße, oder zu den Taubenzüchtern auf dem Feld hinter unserem Garten. Beides unterschied sich nicht besonders: Hier wie dort gab es Bier und Unterhaltung. Die Tauben interessierten ihn nicht, soweit ich mich erinnere.

Wurde es ein alkoholfreier Sonntag, blieb er zu Hause und sah sich im Fernsehen den Internationalen Frühschoppen an. Manchmal, wenn wir von der Kirche zurück waren, setzte ich mich dazu. Werner Höfer mit seinen dicken Brillengläsern sehe ich heute noch vor mir. Er und seine Gäste waren in meiner Erinnerung immer gutgelaunt und im Verlauf der Sendung immer stärker umnebelt von grauem Zigarettenrauch. Dass die Männer auf der Mattscheibe ordentlich becherten und ständig einer sein Weinglas hob, machte meinem Vater offenbar nichts aus. Während Höfer und seine Gäste noch debattierten, zog langsam Bratenduft durch die Wohnung.

Sonntag war Fleischtag. Wir alle mochten Schweinebraten genauso gern wie Sauerbraten, oder Rinderrouladen. Dazu gehörten meistens Kartoffeln, die zentnerweise im Keller gebunkert waren, seltener Klöße, Nudeln nie! Nudeln kamen nur montags auf den Tisch, mit der Fleischsoße, die vom Sonntag übriggeblieben war.

Oder Reis, wenn noch etwas Fleisch da war und alles schön vermengt werden konnte.

Ich war eine heikle Esserin und mochte es überhaupt nicht, wenn auch nur ein Fitzelchen Fett am Fleisch war. Größere Fettstücke durfte ich dem Vater auf den Teller legen, winzige Teile löste ich mit Widerwillen ab und deponierte sie am Tellerrand.

Wenn mir etwas nicht schmeckte, verlangten meine Eltern nur, dass ich es einmal probierte. Sitzen bleiben bis alles aufgegessen war, musste ich Gott sei Dank nie. Der Vater begnügte sich damit, an die hungernden Kinder in Afrika zu erinnern, die es nicht so gut hatten wie ich. Als Nachtisch bekamen wir Kompott, Quarkspeise oder Pudding. Irgendwann begann die Dosenzeit und wir aßen Ananasscheiben oder Pfirsichhälften. Als Gegengeschenk für das Fett, das ich auf seinen Teller geschoben habe, bekam ich von meinem Vater oft den Nachtisch.

Nach Essen, Aufräumen und Mittagsruhe für die Eltern war Zeit für Kaffee und Spiele.

Wir spielten meistens Rommee; und immer mit Geldeinsatz. Jeder hatte ein Schälchen mit kleinen Münzen neben sich auf dem Küchentisch stehen. Nach dem letzten Kartenspiel war fast immer das Schälchen des Vaters deutlich voller. Er hatte nämlich die schreckliche Angewohnheit, Spiele ernst zu nehmen. Dabei konzentrierte er sich voll auf den Spielverlauf und achtete darauf, welche Karten die Spielerin links von ihm ablegte. Daraus zog er Schlüsse, welche Karten sie benötigte, beziehungsweise, welche er zurückhalten musste. Zwischendurch bekamen wir ungebeten Ratschläge, wie wir unsere Gewinnchancen vergrößern könnten, wenn auch wir strategisch vorgingen.

Kurz gesagt, die Spielenachmittage waren nicht immer die reine Freude.

Kein Wunder, dass es mich nach dem Spielen ins Wohnzimmer zog. Ich wollte *Bonanza* nicht verpassen! Ob die anderen sich die Serie auch anschauten, weiß ich nicht mehr. Meine Mutter versäumte auf jeden Fall den Anfang, weil sie gleich nach dem Abräumen des Tisches anfing, das Abendbrot vorzubereiten.

Bei den Cartwrights war das anders. Bei ihnen gab es überhaupt keine Frau, die den Vater und seine drei erwachsenen Söhne hätte bekochen können: keine Ehefrau, keine Mutter, keine Schwiegertochter; ja, nicht einmal eine Haushälterin. Auf der Ponderosa-Ranch wirtschaftete stattdessen ein Chinese, der die vier Männer versorgte.

War eine Folge zu Ende, kehrte ich in meine kleine Welt zurück, in der es keine Pferde und keine Rinder gab, aber immerhin einen Hund. Cilla hatte beim Bonanza-Schauen schnell begriffen, dass die großen Tiere, die keine Gerüche verströmten, nicht zu uns ins Wohnzimmer stiegen. Das hätte ihre und meine Welt auch empfindlich gestört!

Strenge und Strafe

Ich frage mich manchmal, ob der Vater meine Schwester und mich – bis auf eine Ausnahme – niemals geschlagen hat, weil wir Mädchen waren oder weil wir so brav waren, dass körperliche Strafen sich erübrigten? Ich vermute, dass die Autorität meines Vaters so groß war, dass er nicht härter durchgreifen musste.

Es gab ein funktionierendes Warnsystem, bevor es ernst werden konnte. Wenn meine Eltern sich an Sonntagen nach dem Essen für eine Stunde nach oben ins Schlafzimmer verzogen, musste nicht viel gesagt werden. Wir verhielten uns automatisch ruhig.

Spielten wir draußen, nahezu ausschließlich in der nahen Umgebung, und sollten abends zum Essen nach Hause kommen, stellte sich mein Vater an die Straße und pfiff einmal laut und unüberhörbar. Alle Nachbarn, nicht nur meine Schwester und ich, wussten, wer da pfiff und was der Pfiff bedeutete. In unserem eigenen Interesse rannten wir los, um Ärger zu vermeiden.

Waren wir abends im Bett, wollte der Vater nichts mehr von uns hören. Wir lasen gern noch, was den Geräuschpegel auf Null hielt.

Einmal gerieten meine Schwester und ich doch aneinander, was offenbar unten, im Wohnzimmer oder in der Küche, zu hören war. Der Vater rief ein einziges Mal hoch: »Ruhe da oben!«, was wir aber nicht hörten. Der Streit hatte bei uns beiden die Alarmbereitschaft ausgeschaltet und war immer lauter geworden – bis unser zorniger Erzeuger plötzlich im Kinderzimmer stand, mit einer eingerollten »Hör zu« in der Hand. Er wollte gar nicht wissen, worum es im Streit gegangen war. Wir bekamen unsere Abreibung, die lange nachwirkte. Jedenfalls erinnere ich mich nicht daran, dass ich die Fernsehzeitschrift noch einmal zu spüren bekam.

Die Mutter war weniger streng, verlor aber leicht die Nerven, wenn ich mit meiner Schwester stritt und wir zu laut wurden. Dann griff sie auch schon mal zum Kochlöffel und versuchte, wenigstens eine von uns zu erwischen, meistens erfolglos. Wir rannten in einer Art Verfolgungsjagd um den Küchentisch herum und krochen zum Schluss unter die Küchenbank.

Die eher zögerliche Art meiner Mutter ihre Töchter zu strafen, hing ohne Zweifel mit ihrer eigenen Kindheit zusammen.

Nicht nur sie und ihre ältere Schwester wurden geschlagen, auch die kleineren Geschwister bekamen Omas lockere Hand und ihre Härte zu spüren. Immer wieder erinnerte sich meine Mutter daran; besonders dann, wenn sie wieder einmal mit ihrer Mutter haderte und ein Ventil für ihren Verdruss brauchte.

Später hörte ich von einer Peitsche, mit der die Großmutter ihre Kinder geschlagen haben soll. Damit war erst Schluss, als Willi, der sechs Jahre jüngere Bruder meiner Mutter, alt und kräftig genug war, seiner Mutter Grenzen zu setzen. Er riss ihr die Peitsche aus der Hand, als sie damit auf seine kleine Schwester losging, und warf sie in den Küchenofen.

Das hat mir neulich Tante Ruth erzählt und sich daran erinnert, dass es der Oma später Leid tat, so streng gewesen zu sein. Bei einem ihrer jährlichen Besuche in der DDR soll sie gesagt haben: »Ich habe euch nur gut erziehen wollen.«

Schade, dass sie das nie zu meiner Mutter gesagt hat.

Adel verpflichtet

In den letzten Jahren, als ich noch bei meinen Eltern wohnte, zog sich mein Vater immer wieder tagelang von der Familie zurück, sprich, er blieb im Schlafzimmer im Obergeschoss und kam nicht zu den Mahlzeiten hinunter. Was wir damals für Überspanntheit hielten, war wohl eher eine waschechte Depression, zurückzuführen auf Kriegserlebnisse.

Was er tatsächlich in Frankreich erlebt hat, weiß niemand. Der Vater schwärmte von der Bretagne, als ob er dort seinen Urlaub verbracht hätte. Aber wer auf einen mit Müh und Not zusammengeflickten Arm schaut und mit nicht entfernbaren Metallsplittern im Kopf aus dem Lazarett entlassen und nach Hause geschickt wird, der muss wohl nahe an der Front gewesen sein. Er wäre gern Pilot geworden und musste sich mit einer Ausbildung zum Funker abfinden.

Den depressiven Phasen folgten Zeiten von Betriebsamkeit. Der Vater kümmerte sich wieder um Garten, Hecke und Hund, räumte sein Werkzeug im Keller auf und saß anschließend in der Küche und las der Mutter wie gewohnt aus der Zeitung vor.

Der 50. Hochzeitstag meiner Großeltern fiel in eine betriebsame, wenn nicht gar übermütige Phase. Der Tag sollte in großem Rahmen gefeiert werden. Kind und Kegel waren eingeladen; an die Kosten dachte die Großmutter wie üblich nicht. Sie gab auch Geld aus, wenn sie keines hatte.

Für mich war es das letzte Zusammentreffen mit vielen Verwandten, bevor ich im selben Jahr Oberhausen verließ. Für meinen Vater die Gelegenheit, etwas Unerwartetes zum Fest beizusteuern. Er hatte Servietten drucken lassen, auf denen nicht etwa »Glückwünsche zum 50. Hochzeitstag« oder ähnlich Banales stand, sondern »Cilla von

Canelli«. Cilla war unsere brave Boxerhündin, die jeder gernhatte, mit Ausnahme der Großeltern.

Die Servietten entpuppten sich als beliebtes Gesprächsthema und verlangten Aufklärung. Von den entfernteren Verwandten wusste niemand, wer Cilla war. In ihren Papieren stand übrigens wirklich »von Canelli«.

Eine, die sich über den Scherz des Vaters schiefgelacht hätte, war die abwesende Tante Ruth. Die DDR-Behörden hatten ihr keine Genehmigung für die Fahrt nach Oberhausen erteilt. Als kleines Trostpflaster schickten die Großeltern ihrer Tochter nicht nur Fotos von der Feier, sondern auch eine der Scherz-Servietten mit sämtlichen Unterschriften der im fernen Oberhausen Feiernden.

Die Serviette lag bei Ruth auf dem Wohnzimmertisch, als eine Nachbarin hereinschneit, den Aufdruck liest und wissen will: »Wer ist Cilla von Canelli?«. Ihr Ton ist wie gewohnt überheblich.

Eigentlich war sie nur gekommen, um zu fragen, ob Post aus dem Westen angekommen sei. Vermutlich hatte sie den Postboten gesehen, der den dicken Brief am Vormittag zugestellt hatte. Schlagfertig und ohne lange überlegen zu müssen, kommt Ruths Antwort: »Cilla ist eine Cousine meiner Mutter!«

Der Mund der Nachbarin klappte zu. Sie vergaß sogar, die Tante weiter auszuhorchen.

Diese Geschichte hat mir Ruth erzählt und freute sich Jahrzehnte später noch darüber, wie sie die Nachbarin damals zum Schweigen gebracht hatte.

Beerdigung im engsten Kreis

Über die Eltern meines Vaters weiß ich nicht viel. Sie waren aus einem kleinen Städtchen in der Nähe von Posen nach Oberhausen gekommen und hatten sechs Kinder. Mein Vater war das zweitjüngste, sein einziger Bruder das älteste. Es gab also noch vier Töchter.

Der Großvater war wie die beiden Söhne Bergmann. Er galt als echter Malocher, erlitt früh einen Schlaganfall und starb 1936 im Alter von 58 Jahren. Er muss Geige gespielt haben, die mein Vater erbte und der sie später an seinen bayerischen Schwiegersohn weitergab.

Die Großmutter war zäh, durchsetzungsfähig und wurde sehr alt. Sie sprach fließend Deutsch und Polnisch und half in der Nachbarschaft, wenn es etwas zu übersetzen gab. Sprach der Vater von seiner Mutter, nannte er sie, je nach Stimmungslage und spezifischer Erinnerung, liebevoll »Mama« oder, weniger liebevoll, »unser Moder«.

Obwohl die Großmutter nicht weit wegwohnte, kam sie uns niemals einfach so besuchen, ebenso wenig wie die Schwestern meines Vaters. Sein Verhältnis zu ihnen galt als zerrüttet. Über die Ursachen gibt es nur Gerüchte, denen ich nicht nachgegangen bin.

Umgekehrt kamen auch wir so gut wie nie zur Großmutter. An ihre Wohnung habe ich überhaupt keine Erinnerung. Einmal bekam ich den Auftrag sie abzuholen und sie zu uns nach Hause zu lotsen. Da war sie schon sehr alt und kaum größer als ich Zehn- oder Elfjährige. Das ist meine einzige Erinnerung an sie.

Sämtliche Geschwister meines Vaters waren in Oberhausen geblieben, drei von ihnen wohnten in derselben Siedlung wie wir. Auf meinem kurzen Weg zur Arbeit – als Arzthelferin in einer Praxis in der Mergelstraße – kam ich täglich an den Wohnungen zweier Schwestern und der des Bruders vorbei.

Es war genauso wie in den Jahren davor, als ich jede Woche mit meiner Mutter nach Eisenheim ging: Überall liefen mir Verwandte des Vaters über den Weg, die ich kaum kannte und die mir wenig bedeuteten.

Eine der vier Schwestern, Tante Hedwig, wohnte nicht in der Arbeitersiedlung, sondern in Osterfeld-Mitte. Das war, verglichen mit den anderen, schon ziemlich weit weg von uns. So weit weg, dass ich sie sehr wahrscheinlich nur ein einziges Mal gesehen habe, und zwar auf der Beerdigung der Großmutter. Dort kamen die Zerstrittenen zusammen, Konflikte hin oder her. An die Beerdigung kann ich mich deshalb erinnern, weil noch lange danach davon gesprochen wurde.

Tante Martha, eine andere Schwester meines Vaters, war in zweiter Ehe mit einem Staubsaugervertreter verheiratet. Beim Leichenschmaus dachte der weniger an die verstorbene Schwiegermutter als an seine beruflichen Verpflichtungen. Er pries seine Staubsauger als die Krönung des technischen Fortschritts und verteilte gleichzeitig Werbebroschüren. Noch während des Essens gelang es ihm, einen Kaufvertrag abzuschließen.

Etwas Ähnliches hätte auf der Beerdigung meines Vaters nicht passieren können. Denn natürlich hatte er rechtzeitig und bis ins Detail festgelegt, wie alles ablaufen sollte. Und als er schließlich mit 65 starb, kam die Mutter nicht eine Sekunde lang auf die Idee, sich über seine Anweisungen hinwegzusetzen.

Er wollte unbedingt eine Einäscherung. Die Vorstellung, sein Körper würde von Würmern zerfressen, hat ihn umgetrieben. Genauso wichtig war ihm eine Beisetzung im kleinen Kreis. Der kleine Kreis bestand aus meiner Mutter, meiner Schwester und mir mit unseren

Familien und Nichte Rosi mit Mann. Ich glaube, es war vor allem der Mann von Rosi, den mein Vater besonders schätzte und auf seiner Beerdigung dabeihaben wollte. Von seinen Schwestern wollte er keine an seinem Grab »sehen«.

Auch den allerletzten Auftrag hatte die Mutter nicht vergessen: Die Todesanzeige sollte erst am Tag der Beisetzung in der Zeitung stehen, auf keinen Fall früher. Die Wahrscheinlichkeit, dass jemand die Anzeige in der Früh las und es rechtzeitig zum Friedhof schaffte, war somit gering.

Als wir vom Beerdigungsessen nach Hause kamen und meine Mutter sich gerade erschöpft hingelegt hatte, klingelte das Telefon. Tante Hedwig, die älteste Schwester des Vaters, meldet sich; sie hat die Traueranzeige gelesen und ist hörbar eingeschnappt. Sie will mit meiner meine Mutter sprechen. Ich sage freundlich, das ginge leider nicht, die Mutter habe sich hingelegt. Tante Hedwig überschüttet mich mit Unfreundlichkeiten und legt auf.

Vielleicht hatte mein Vater gute Gründe, sich diese Frau vom Hals zu halten.

Tante Ciss reagierte anders. Dass ihr Bruder sie nicht einmal auf seiner Beerdigung dabeihaben wollte, war für sie kein Streitpunkt. Sie lud die Mutter und mich später zum Kaffee ein und nannte den Anlass »Trauerkaffee«. Bei diesem Treffen ging es nicht sehr traurig zu; wir lachten viel, besonders als wir uns wieder einmal an Tante Marthas Mann, den Staubsaugervertreter, erinnerten.

Der Kostgänger

Besuche bei meiner Urgroßmutter mütterlicherseits in Lirich, einem Stadtteil in Alt-Oberhausen, waren selten. In Erinnerung geblieben sind mir das kleine dunkle Haus und seine niedrigen Decken, der modrige Geruch und die Unordnung im Flur, in der Küche, im Wohnzimmer. Ich war als Kind immer froh, wenn wir uns wieder verabschiedeten und das Haus verließen.

Heute wüsste ich gern, wie die Urgroßmutter in den Besitz von Haus und Grund gekommen ist; leider lässt sich das nicht mehr ermitteln. Die beiden Männer, die in ihrem Leben eine Rolle spielten, hatten mit dem Hauskauf nichts zu tun.

»Oma Lirich«, wie alle sie nannten, war eine zähe, kleine Person. Noch als Greisin kümmerte sie sich selbst um ihren Garten und zog dort Gemüse. Sie wurde fast 90 Jahre alt.

Als sie noch sehr jung war und ein Kind erwartete, verschwand der Vater des Kindes, bevor es hieß: »Du musst das Mädchen heiraten!« Sie fand einen anderen Mann, unseren Urgroßvater, der sie noch vor der Geburt des Kindes heiratete und das Neugeborene, Tochter Rosa, als sein eigenes annahm. Ein Jahr später kam wieder eine Tochter zur Welt, Hedwig, und nach vier Jahren Sohn Oskar.

Hedwig, meine Oma, wurde von ihrer Mutter wie eine Dienstmagd behandelt. Um die Einschulung hinauszuzögern, gab sie die Tochter als jünger aus als sie tatsächlich war. Sie ließ Hedwig dann nur ungern und unregelmäßig zur Schule gehen. Oma Lirich fand sie nützlicher im Haus für die Putzarbeiten.

Nachdem drei Kinder geboren waren, tauchte eines Tages der erste Mann wieder auf; völlig überraschend und ohne in der Zwischenzeit von sich hören zu lassen. Oma Lirich schien ihm sein Verschwinden nicht übel genommen zu haben. Jedenfalls wird er der neue Mann an ihrer Seite. Die beiden Kinder, die nicht von ihm sind, müssen ihn »Onkel August« nennen. Tochter Rosa muss ihren leiblichen Vater, den sie nicht kennt, mit »Papa« ansprechen.

Mein Urgroßvater wurde von einem Tag auf den anderen aus dem Haus verbannt und eine Art Kostgänger in der eigenen Familie. Er durfte mit der Familie im Haus essen, aber nicht mehr darin wohnen. Die Urgroßmutter hatte ihm zum Schlafen eine Art Verschlag zugewiesen, wogegen er offenbar nicht protestierte. Um sich auf andere Weise zu rächen, kam er auf die Idee, die beiden Töchter zu »entführen«, seine eigene und die des Rivalen. Er brachte sie in ein katholisches Kinderheim in Oldenburg, etwa 250 km von Oberhausen entfernt. Hedwig und Rosa waren damals etwa acht und neun Jahre alt. Darüber, dass er den vermutlich eh schon verunsicherten Mädchen weiteren Schaden zufügte, machte er sich wohl keine Gedanken.

Oma Lirich wollte ihre Kinder unbedingt zurückhaben; an Rosa hing sie sehr, und Hedwig war ihr nützlich als Putzhilfe. Auf die Forderung der Nonnen, sie müsse wieder mit ihrem Mann zusammenleben, um die Mädchen zurückzubekommen, ging sie pro forma ein; Rosa und Hedwig kamen also wieder zurück zur Mutter nach Oberhausen.

Die lebte weiterhin unbehelligt mit dem Mann zusammen, mit dem sie nicht verheiratet war und mit dem sie noch zwei weitere Kinder bekam. Scheiden ließ sie sich nie.

Mein Urgroßvater unternahm in den folgenden Jahren keinen weiteren Versuch, seiner Frau zu schaden; er hatte begriffen, dass er ihr nicht gewachsen war. Er wohnte weiterhin in dem Verschlag, quasi Tür an Tür mit seinem Rivalen »Onkel August«. Geld, um sich woanders eine eigene Bleibe zu suchen, hatte er nicht. Seinen Lohn überließ er fast vollständig seiner Frau, als Entschädigung für Kost und Logis und natürlich als Unterhaltszahlung für seine leiblichen Kinder.

Die Situation änderte sich, als Hedwig einen jungen Mann kennen gelernt hatte und heiraten wollte. Johann war fünf Jahre älter als die noch minderjährige Hedwig. Ihre Mutter erlaubte die frühe Eheschließung unter einer einzigen Bedingung: Sie mussten Hedwigs Vater »mitnehmen«, das heißt ihn in ihre zukünftige Wohnung aufnehmen. Hedwig, die nicht mehr Magd der eigenen Mutter sein wollte, war einverstanden und Johann, ihr Verlobter, ebenso.

So wurde mein Urgroßvater ein weiteres Mal Kostgänger, mit dem Unterschied, dass er dort, wo er bis zu seinem Tod lebte, geliebt und respektiert wurde.

Kein Fehltritt

Meine Großeltern mütterlicherseits hatten vier Kinder. Die Ähnlichkeit der drei älteren war auffallend: Alle drei hatten, wie meine Oma, dickes, glattes, dunkles Haar und waren, wie ihre Mutter, eher kräftig gebaut. Ein großformatiges Foto von den drei Geschwistern hing gerahmt über dem Sofa im Wohnzimmer meiner Großeltern, von dem ich einen kleinen Abzug besitze. Es zeigt die beiden Schwestern Erna und Trudi einheitlich gekleidet, mit gleich langen Zöpfen und gleich akkuraten Linksscheiteln. Zwischen ihnen, auf einem Tisch platziert, der kleine Willi, sechs, beziehungsweise acht Jahre jünger als seine Schwestern. Alle drei haben dunkle Augen, dichte Wimpern.

Sechs Jahre nach Willi kam Ruth auf die Welt, das Nesthäkchen. Sie hatte überhaupt keine Ähnlichkeit mit ihren Geschwistern. Im Gegensatz zu ihnen war sie zierlich, ihr blondes Haar sehr fein und gelockt und nie lang. Auf keinem Bild sieht man sie mit Zöpfen, aber bis ins Schulalter mit zu einer Tolle hochgestecktem Haar.

Die Unterschiede zwischen den zwei älteren Schwestern und der viel jüngeren bleiben bis ins Erwachsenenalter erkennbar: Während meine Mutter und Erna schon früh weiche, rundliche Formen annehmen, bleibt Ruth zunächst richtig schlank, nur das Haar dunkelt nach.

Es dauert aber nicht lang, und die grazile Figur ist nur noch Erinnerung an die Jugend. Drastisch formuliert, mit den Worten meines Vaters: »Sie frisst sich Speck an in der Ostzone.« Bis zur Grenzschließung sehe ich sie jedes Jahr, wenn sie mit Onkel Werner und »Püppie«, wie sie ihre Tochter nennt, nach Oberhausen kommt.

Jahrzehnte später kann ich es kaum fassen. Wir feiern den achtzigsten Geburtstag meiner Mutter. Ruth ist mit Artur, ihrem zweiten Mann, von Mecklenburg-Vorpommern nach Oberhausen gekommen. Das nahezu identische Aussehen der Schwestern ist unglaublich: Beide sind gleich füllig, nahezu ohne Falten im Gesicht. Beide haben dünne, weiße Haare, frisch dauergewellt, die gleiche Frisur.

Man hätte sie glatt für Zwillinge halten können. Der Altersunterschied von zwölf Jahren ist absolut nicht erkennbar.

Die Mutmaßungen meines Vaters über einen möglichen Fehltritt der Oma waren damit Geschichte.

Landwirtschaftliche Güter

Der Winter 1946/47 war ein extremer Winter. Er war sehr kalt und viele Menschen litten Hunger. Im Haushalt meiner Großeltern lebten damals noch die zwei jüngsten Kinder, Ruth und Willi, sowie der Vater meiner Oma. Die zweitälteste, meine Mutter, war im Herbst 1946 ausgezogen, nachdem sie Anfang des Jahres meinen Vater kennen gelernt und im Oktober geheiratet hatte. Die älteste Tochter, Erna, lebte in Nürnberg. Sie hatte sich während des Krieges in einen Soldaten aus Nürnberg verliebt, der eine Zeit lang in Oberhausen stationiert und bei Nachbarn im Haus einquartiert war. Nach ihrer Verlobung war sie ihm nach Nürnberg gefolgt und heiratete dort 1943. Auf Fotos von der Hochzeitsfeier, auf der auch meine Mutter, die Großeltern und die kleine Ruth dabei waren, sieht man ein glückliches Brautpaar und lächelnde Gäste. Wären da nicht die verhängten Fenster und wüsste ich nicht, wann Tante Erna geheiratet hat, wäre es für mich eine ganz normale Hochzeit.

Alle vier Wochen, sobald sie wieder neue Bezugsscheine für Lebensmittel hatte, machte sich die Großmutter zusammen mit anderen Frauen auf den Weg zu den Bauern im Münsterland. Getauscht wurde mit den Bezugsscheinen. War im Münsterland etwas besonders knapp, was es zu Hause noch gab, konnte man die entsprechenden Marken gegen Kartoffeln, Gemüse und Obst eintauschen. Hamsterkäufe waren natürlich verboten und wurden auch bestraft; aber wer hungrig war und sich nicht scheute, zog los, um Essbares nach Hause zu schaffen.

Tante Ruth, damals elf Jahre alt, erinnert sich daran, wie schwer bepackt meine Oma jedes Mal nach Hause kam: mit Taschen in jeder Hand und einem vollen Rucksack auf dem Rücken, an dem manchmal sogar noch ein prall gefüllter Leinensack hing. Anfangs versuchte auch ihre Nachbarin, Frau Berchter, die nicht besonders kräftig war, ihr Glück beim Hamstern. Wann immer Frau Berchter ihre Beute nicht mehr selbst tragen konnte, nahm die Oma ihr bereitwillig einen Teil davon ab. Bis die zusätzliche Last selbst ihr zu viel wurde, und die Nachbarin zu Hause bleiben musste.

Einmal schickte die Großmutter den Opa zu seinen Verwandten im Hunsrück zum Hamstern. Das waren Bauern. Bei denen würde er bestimmt etwas Essbares bekommen, muss sie gedacht haben. Stattdessen brachte er nichts weiter als ein Halstuch mit nach Hause, das eine Frau im Zug verloren hatte.

Omas kurzer Kommentar, laut Tante Ruth: »Dich brauche ich nicht mehr loszuschicken.«

Die Großmutter kümmerte sich im Kältewinter auch um Tante Erna und ihre Familie in Nürnberg. Ein Nachbar fertigte Kisten für sie an, die sie mit Briketts füllte und mit der Bahn nach Nürnberg schickte. Praktischerweise arbeitete der Opa bei der Bahn, was die Hilfsaktion begünstigte. Die Kisten kamen leer zurück und gingen neu beladen wieder auf die Reise. Die Briketts zweigte Onkel Willi bei seinem Arbeitgeber ab und brachte sie in kleinen Mengen nach Hause. Das war ziemlich gefährlich und hätte ihn ins Gefängnis bringen können.

Um möglichen Kontrollen beim Transport zu entgehen, stand auf jeder Kiste: »Landwirtschaftliche Güter«. Es funktionierte immer. Niemand wollte je wissen, um welche landwirtschaftlichen Güter es sich handelte.

Die Nürnberger

Ein Höhepunkt in meinen Kinderjahren war der jährliche Besuch der Verwandten aus Nürnberg. Manchmal kamen sie im Sommer, auf der Durchreise nach Holland. Meistens aber zu Ostern. Sie hatten als einzige in der Verwandtschaft ein Auto, was in den späten 50er Jahren noch etwas Besonderes war. Sie unternahmen gerne Ausflüge und nahmen auch mich und meine Schwester oft mit. Meistens gingen wir in Oberhausen im Kaisergarten spazieren, einem Park mit Tiergehege. Das Schloss direkt neben dem Eingang zum Kaisergarten ist mir damals gar nicht aufgefallen. Vermutlich war es rußgeschwärzt wie alle anderen älteren Gebäude damals auch.

Ich erinnere mich an einen Ausflug nach Essen, wo wir den Grugapark besuchten. Allein schon die Autofahrt war für mich aufregend und dann erst der riesige Park mit den vielen Blumen, dem Seehundbecken und dem Aquarium! Niemals hätten unsere Eltern so etwas mit uns unternommen.

Wenn die Nürnberger in Oberhausen waren, hat der Onkel oft Fotos von uns gemacht.

Auf einem Farbfoto Anfang der 60er Jahre sieht man uns richtig chic gekleidet: Tante Erna, meine Cousine und meine Schwester in modischen Mänteln in leuchtenden Farben; ich, die Jüngste, in einem hellen Trenchcoat und mit Halstuch. An das Halstuch erinnere ich mich bis heute und weiß sogar noch, wie es sich anfühlte!

Dass meine Schwester und ich auf dem Foto lange Haare tragen, sie mit Pferdeschwanz, ich mit Zöpfen, war ein eher seltener Anblick. Als Friseur in der Familie bestimmte mein Vater die Haarlänge der Töchter und scheute auch nicht das Extrem. Wenn es ihm gefiel, bekamen wir einen Kurzhaarschnitt verpasst; und weil der Vater es perfekt machen wollte, korrigierte er solange, bis vom Pony fast nichts mehr zu sehen war.

Oft blieben die Nürnberger nur drei oder vier Tage und schliefen bei meinen Großeltern. Wie sie in der engen Zweizimmerwohnung Platz fanden, bleibt ein Rätsel. Nie sah ich Matratzen herumstehen. Es gab auch kein Bad in der Wohnung. Die Toilette lag eine Treppe tiefer im Zwischengeschoss und wurde zusätzlich von einer anderen Familie benutzt. Zum Baden hatte die Oma eine Zinkwanne, die bei Bedarf in die geräumige Küche geschleppt wurde. Heißes Wasser stand dann in großen Töpfen auf dem Kohleofen bereit.

vorne li. Monika und Helga, dahinter meine Eltern;
re. Tante Erna, ich, der Opa, Siegfried u. Onkel Willi

Die Besuche der Nürnberger hörten auf, als Tante Erna schwer erkrankte und mit gerade einmal 41 Jahren starb. Vorher waren sie noch einmal in Oberhausen gewesen, ohne dass ich gewusst oder geahnt hätte, wie schlimm es um sie stand. Tante Erna und der Onkel übernachteten damals bei uns. Die Eltern hatten ihr Schlafzimmer für sie geräumt und im Wohnzimmer geschlafen.

Einmal noch kam der Onkel mit Helga und Siegfried, danach wollte er von Oberhausen nichts mehr wissen. Zu vieles erinnerte ihn an seine verstorbene Frau. Bei diesem letzten Besuch nahmen die drei mich mit nach Holland, wo sie wie schon in früheren Jahren Urlaub machten und auf einem Campingplatz am Meer ihr großes Wohnzelt aufschlugen. Ich war zwölf oder dreizehn Jahre alt und das erste Mal richtig weit weg von zu Hause.

Die mittleren Geschwister

Von den vier Kindern meiner Großeltern blieben die zwei mittleren, meine Mutter und ihr sechs Jahre jüngerer Bruder Willi, in Oberhausen.

Bevor Onkel Willi heiratete, wohnte er eine Zeit lang als Kostgänger bei meinen Eltern. Er war ähnlich ruhig und zurückhaltend wie meine Mutter; das Zusammenleben mit ihm dürfte problemlos gewesen sein. Mein Vater nannte ihn scherzhaft-respektlos Pimpfi, dabei war »Pimpfi« größer und kräftiger als der zehn Jahre ältere Schwager.

Als Willi geheiratet und auf dem Tackenberg eine eigene Wohnung bezogen hatte, wurde er noch schweigsamer. Das Reden überließ er seiner Frau. Mit Tante Roswitha, in Abwesenheit von den Erwachsenen grundsätzlich nur »Thusnelda« genannt, konnte sich niemand vernünftig unterhalten, sie redete einfach drauflos, ohne Punkt und Komma.

Wie vor ihm sein Vater, ging auch Willi viel allein spazieren. Suchte der Opa vermutlich Abstand von seiner dominanten Frau, brauchte der Onkel das »Luftschnappen« eher, um Roswitha für den Rest des Tages ertragen zu können.

Im Gegensatz zu meiner Mutter, besuchte Willi seine Eltern in Eisenheim nicht regelmäßig. Er kam nur bei Bedarf. Wenn die Oma ihn brauchte, hängte sie ein weißes Tuch aus dem Küchenfenster. Fuhr Willi am Abend mit dem Fahrrad von der Arbeit nach Hause und sah das Tuch, bog er von der Sterkrader Straße rechts ab, fuhr in die Timpenstraße und fragte seine Eltern, was denn los sei. Eine große Hilfe war er bestimmt nicht.

Meine Mutter war es, die sich regelmäßig und verlässlich um ihre Eltern kümmerte. Sie wusch nicht nur die Wäsche für sie. Sie regelte auch deren Behördenkram und Geldangelegenheiten. Von Dankbarkeit war keine Rede; im Gegenteil. Sie machte sich vor allem bei der Oma unbeliebt, die sich nicht gerne sagen ließ, sie solle mit ihrem Geld sparsamer umgehen. Dabei gab die Großmutter weniger für sich aus als für ihre jüngste Tochter und deren Familie. Ruths Wünsche nach Westwaren waren völlig überzogen.

Als meine Mutter ihre Schwester einmal direkt darauf ansprach, kam es zu einem hässlichen Streit. Die Oma gab weiterhin zu viel Geld aus, strapazierte ihr Konto und packte Pakete.

Irgendwann reichte es meiner Mutter. Sie ging nicht mehr zu ihren Eltern und versuchte auch nie mehr, die Oma zur Vernunft zu bringen.

Ob Willi die undankbare Aufgabe übernahm, möchte ich bezweifeln, von Tante Roswitha ganz zu schweigen.

Drei Stück Kuchen

Ich erinnere mich an eine Geburtstagsfeier bei uns zu Hause. Ich muss etwa acht oder neun Jahre alt gewesen sein. Aufrecht, mit geradem Rücken, saß die Großmutter auf einem Stuhl am Küchentisch und aß mit großem Appetit Kuchen. Der Großvater, schmächtig, schweigend, seine Hände leicht zitternd, saß ihr schräg gegenüber auf dem Sofa. Er wirkte noch kleiner als gewöhnlich. Vor sich auf dem Teller lag sein erstes Stück Kuchen. Er hatte Mühe, kleine Bröckchen davon Richtung Mund zu befördern.

Niemand wusste damals, dass er an Parkinson erkrankt war. Alle waren sich einig: Er simuliert! So wie wir seine angebliche Schwerhörigkeit nicht mehr ernst nahmen, seit sich herausgestellt hatte, dass der Opa sehr gut hörte, wenn er nur wollte. Aber das Zittern war echt, und an diesem Nachmittag muss ich gespürt haben, dass seine körperliche Schwäche nicht gespielt war. Vielleicht hing es auch mit dem Größenunterschied zusammen: der gebrechliche kleine Mann auf dem niedrigeren Sofa, die große starke Frau auf dem höheren Stuhl. Hätte es nicht umgekehrt sein müssen?

Als die Großmutter gerade zu einem weiteren Stück Kuchen greift, kann ich mich nicht mehr bremsen: »Das ist schon das dritte Stück, Oma! Der Opa hatte nur eins!«

Alle schauen mich überrascht an, schweigen, die Augen der Oma verraten eine Mischung aus Entrüstung und Groll. Auch sie schweigt. Als ob unser Wellensittich den Zorn der massigen Frau gespürt hätte und sich plötzlich vor ihr fürchtet, ist auch er ganz still, versteckt seinen Kopf im Gefieder. Ich rechne damit, dass sie gleich ausholt und mir eine Ohrfeige verpasst – nach dem Motto: Wenn es kein anderer tut …

Die lockere Hand der Großmutter war mir aus Erzählungen meiner Mutter bekannt. Jetzt aber traut sie sich nicht. Sie wartet darauf, dass meine Eltern aus ihrer Schockstarre erwachen und handeln. Selbst ich warte darauf. Aber niemand stellt mich zur Rede.

Die Episode muss die Oma lange beschäftigt haben. Als sie im Sommer Tante Ruth besuchte, erzählte sie dort, was sich in Oberhausen abgespielt hatte. Die Tante konnte darüber nur lachen.

Warum ich nie die Sommerferien
in der DDR verbrachte

Sommerurlaub und Reisen kannte ich als Schulkind nicht; für mich gab es Sommerferien und das war's. Bis auf das eine Mal, als mich die Nürnberger zu ihrem Campingurlaub nach Holland mitnahmen, blieb ich immer in Oberhausen.

Meine Freundin Sonja und ich hatten Fahrräder und mit denen waren wir bei schönem Wetter jeden Tag unterwegs. Weder meine noch ihre Eltern hielten uns zurück, warum auch? Sie machten selbst keine Ausflüge; an Sonntagsspaziergänge erinnere ich mich nicht.

Sonja und ich vertrieben uns die Zeit mit kleinen Fahrradtouren in die Umgebung, pflückten Beeren, wenn wir irgendwo Sträucher mit reifen Früchten entdeckten und verbrachten ganze Tage im Freibad. Langeweile kam erst gegen Ferienende auf. Da freuten wir uns, dass die Schule wieder anfing.

Ganz andere Erinnerungen hat meine Schwester, die als Teenager einen Teil der Sommerferien bei Tante Ruth in der DDR verbrachte.

Zusammen mit der Oma fuhr sie nachts von Oberhausen nach Hamburg-Altona; von Altona ging es morgens weiter zum Bahnhof Bad Kleinen. Von dort fuhren sie nach Wismar, wo die Verwandten sie schon am Bahnhof erwarteten.

Für Monika bedeuteten diese Sommerferien, wie sie selbst sagte: »Freiheit, lange schlafen, jede Woche Ausflüge; ständig Feiern, überhaupt viel Geselligkeit.« Von Einschränkungen oder Unannehmlichkeiten, welcher Art auch immer, bekam sie nichts mit. Meine Schwester fühlte sich wie im Paradies und sie genoss die Zeit.

Onkel Werner, Kaminkehrer in Wismar und später Kaminkehrermeister in Güstrow, war großzügig. Fast jeden Tag nach dem Mittagessen fragte er augenzwinkernd: »Wollt ihr heute kein Eis?« Und sobald meine Schwester und die Cousine erklärt hatten, dass sie unbedingt Eis wollten, bekamen sie Geld für das Eiscafé in der Stadt.

So etwas kannten wir bei unseren Eltern gar nicht. Essen und Kaffeetrinken außer Haus gab es auf Hochzeiten und Beerdigungen, alles andere blieb bis auf ganz wenige Ausnahmen, wie die jährliche Fronleichnam-Kirmes, unvorstellbar. Aber auch da öffnete sich der Geldbeutel nur ein wenig: für gebrannte Mandeln. ein paar Lose und einmal Karussellfahren.

Nicht, dass die Eltern wirklich arm gewesen wären, aber vermeidbares Geldausgeben gehörte nicht zu ihren Schwächen. Bei Ruth und Werner erlebte meine Schwester eine andere Welt und verglich sie staunend mit der in Oberhausen. Meine Eltern wunderten sich vermutlich noch mehr, wenn sie nach der Rückkehr ihrer Tochter erfuhren, wie unbeschwert die Verwandten in Ostdeutschland offenbar lebten.

Mich hat die Großmutter übrigens nie mitgenommen, auch nicht, als Monika keine Lust mehr hatte mitzufahren und ich alt genug gewesen wäre, die Oma zu begleiten. Als Grund hieß es früher immer, ich sei zu lebhaft, bis mir Tante Ruth vor einiger Zeit erklärte: »Die Oma hatte Angst, sie könnte mit dir zusammen bei Kontrollen im Zug oder an der Grenze auffallen.« Das verstand ich genauso wenig wie die Erklärung von früher.

Als Ersatz für meine Schwester musste der Opa herhalten, der nie mitfahren wollte. Die Oma verfrachtete ihn in den Zug, ob er wollte oder nicht.

Erst viel später habe ich von meiner Nürnberger Cousine erfahren, dass es tatsächlich gute Gründe gab, auf den Fahrten nicht aufzufallen: Die Großmutter schmuggelte immer wieder Gold für Zahnfüllungen über die Grenze und versteckte es in einer Dose Niveacreme!

Was mag sie sonst noch im Gepäck gehabt haben? Und dachte jemand an die Gefahr, in die sie sich auf jeder Fahrt brachte? Fragen kann ich Tante Ruth leider nicht, es würde Streit geben.

Tchibokaffee

Meine Oma in Eisenheim war eine Frau mit ausgeprägten Stärken und ebenso ausgeprägten Schwächen. Auf alten Familienfotos sehe ich sie so, wie ich sie als Kind erlebt habe: umgeben von Familie und Verwandtschaft, zufrieden lächelnd, scheinbar niemals erschöpft.

Weil das Geld oft nicht reichte, das der Großvater bei der Bahn verdiente, ging sie jahrelang in der Nachbarschaft putzen.

Die Oma kochte gern und kaufte gern ein. Ich meine damit nicht Lebensmittel oder notwendige Dinge wie Kleidung für die Familie. Sie kaufte und hortete Sachen, ohne darauf zu achten, wie begrenzt ihr Budget war.

Am liebsten ging sie zu *Lantermann,* einem Bekleidungshaus in Oberhausen-Sterkrade, das es heute noch gibt. War das Geld knapp, konnte sie dort anzahlen und später den Rest begleichen. Außerdem ließ sie sich Waren frei Haus liefern. Jahrzehnte vor der Möglichkeit online zu bestellen und sich alles zuschicken zu lassen, nutzte meine Oma den Versandhandel und bestellte bei *Bader,* einem Unternehmen, das es auch heute noch gibt.

Der Baderkatalog gehörte zu den Dingen, die immer griffbereit lagen, wie bei Rauchern die Schachtel Zigaretten und das Feuerzeug. Kam ein neuer Katalog ins Haus, durfte ich im alten nicht nur blättern, sondern ihn mit der Schere zerlegen. Ich schnitt Figuren aus und legte sie zu neuen Bildern zusammen.

Soweit ich weiß, kaufte die Oma hauptsächlich Bettwäsche, Tischdecken und Handtücher. Der hohe Kleiderschrank im Schlafzimmer war vollgestopft damit. Nur ein Teil war als Aussteuer gedacht, zuerst für die Töchter, später für die Enkelinnen. Lange bevor ich selbst heiratete, lag die mir zugedachte Wäsche schon im Schrank und wartete darauf, weitergegeben zu werden.

Besonders gerne bestellte die Oma bei *Tchibo*. Sie und einige Nachbarinnen hatten sich zusammengetan und bekamen den Kaffee in größerer Menge frei Haus geliefert. Von den Taschentüchern und Servietten, in die jedes Pfund Kaffee eingepackt war, besitze ich heute noch welche. Sie ließen sich leicht auftrennen, wurden gewaschen und gebügelt und waren anschließend jahrzehntelang in Gebrauch. Als dann der erste *Aldi* in Oberhausen aufmachte, kaufte die Oma den billigeren Kaffee vom Discounter.

Ein großer Posten ihrer monatlichen Einkäufe waren die Sachen für Tante Ruth. Die Wünsche kamen per Brief. Meine Mutter, die ihre Eltern regelmäßig besuchte, las sie und half dabei, die vielen Pakete zu packen.

Ich erinnere mich an das wiederholte verständnislose Kopfschütteln meiner Eltern, wenn sie darüber sprachen, was und in welchen Mengen alles in die Pakete kam. Gegen Waschmittel, Seife und Pflegemittel, gegen Kaffee und Zucker war bestimmt nichts einzuwenden, von allem gab es in der DDR anscheinend zu wenig. Aber spätestens als Ruth in einem Brief schrieb: »Schick uns keinen Kaffee von Aldi, wir wollen Tchibokaffee!«, hätte die Oma »Stopp« sagen müssen. Das tat sie aber nicht.

In die Pakete kamen auch Kleidung und Wäsche für Ruth und deren Familie. Ruth bedankte sich immer umgehend und überschwänglich per Brief, zählte darin noch einmal auf, worüber sie sich besonders gefreut hätten, zum Beispiel über die teure Markenunterwäsche. Die Briefe waren für die Oma Ansporn und Lebenselixier zugleich. Sie eilte, wie von unsichtbarer Hand in Bewegung gesetzt, in die Stadt, um noch mehr von den gepriesenen Sachen zu kaufen.

Das Geld, zuletzt eine schmale Witwenrente, reichte immer seltener bis zum Monatsende. Als meine Mutter schließlich eingriff und Ruth klar zu machen versuchte, dass es so nicht weitergehen könne, kam es zum Bruch zwischen den Schwestern und zwischen meiner Mutter und der Oma.

Ruth wollte nicht wahrhaben, dass die Oma weit über ihre Verhältnisse lebte und ließ sich weiterhin Pakete schicken. Erst nach dem Tod ihrer Mutter kamen sich die Schwestern wieder näher und einigten sich darauf, nicht mehr an dem Konflikt zu rühren.

Als ich einmal mit meiner Cousine über die Zeit damals sprechen wollte, Jahrzehnte nach der Wiedervereinigung, meinte sie, wir sollten nicht alles glauben, was wir über die ehemalige DDR gehört hätten. Alles sei super gewesen, von Mangel keine Rede. Sie hätten immer genug Fleisch zu essen gehabt, und wenn es irgendwo kurzfristig Orangen und Bananen gab, die wirklich selten waren, schickte »Mutti« von ihrem Arbeitsplatz in irgendeinem Kombinat aus einen Fahrer los, der das Obst für sie besorgte.

Eigentlich hatte ich nur wissen wollen, ob sie sich an die Besuche unserer Großmutter erinnerte. Ja, sie erinnerte sich und erzählte von der täglichen Abfrage der Oma, wie viele Kartoffeln jeder zu Mittag essen wolle. Das hätten alle sehr lustig gefunden.

Um weiterhin Pakete schicken zu können, schränkte sich die Oma immer mehr ein. Zuletzt soll sie sich hauptsächlich von Kartoffeln ernährt haben. Kartoffeln waren in den 70er Jahren billig, und sie hat, wie meine Eltern auch, jedes Jahr im Herbst zentnerweise davon eingekellert.

Ob die Großmutter überhaupt noch an Fleischmahlzeiten dachte, wenn sie für sich selbst kochte? Ich glaube eher nicht.

Das Päckchen vor der Tür

Tante Trude, eine Schwägerin meiner Oma, war bekannt für ihren enormen Appetit und ihre beträchtliche Leibesfülle. Auch die Kriegsjahre und die kargen Jahre danach hatten daran nichts geändert.

Tante Trude wohnte mit ihrem Mann und zwei Söhnen in einem eigenen Haus im Ortsteil Vennepoth im südlichen Oberhausen, Richtung Mülheim. Im Gegensatz zu meinem Großvater, der als Schweißer bei der Bahn arbeitete und vier Kinder zu ernähren hatte, war sein Bruder, der Mann von Tante Trude, Lokführer mit entsprechend höherem Einkommen.

Während des Krieges und in den Hungerjahren danach hielten sie eine Zeitlang zwei Schweine gleichzeitig. Ein Schwein stand im Stall und futterte sich dort seinen Speck an, ein weiteres verbrachte sein armseliges Leben im Keller. Es wurde dort gemästet und geschlachtet. Der Grund: Es war nur ein Schwein pro Haushalt erlaubt und jede Schlachtung musste, bis in die Fünfzigerjahre hinein, genehmigt werden. Wer diese Anordnung umging, hatte mit einer empfindlichen Strafe zu rechnen. Deshalb fand bei Tante Trude jede verbotene Schlachtung, inklusive Verarbeitung, im Keller statt, verborgen vor den Nachbarn.

Unterstützen durfte sie dabei die liebe Verwandtschaft. Einmal traf es meine Mutter, die während des Krieges auf einem Bauernhof gearbeitet hatte, und ihren jüngeren Bruder Willi. Beide wurden von meiner Oma in der Früh losgeschickt, der Tante zu helfen. Sie packten bei der blutigen Arbeit im Keller ordentlich mit an; am Ende sahen sie Berge von Fleisch, Würsten und Speck.

Als Dank für ihre Hilfe gab Tante Trude den beiden ein Päckchen mit. Zu Hause packt meine Oma es aus, sieht ein Stückchen Fleisch und eine Scheibe Streichwurst; beides nicht genug für eine einzige Mahlzeit. Kommentarlos packt sie die Sachen wieder ein und zieht ihren Mantel an. Sie fährt mit der Straßenbahn nach Oberhausen. Am Hauptbahnhof steigt sie um und muss zum Schluss noch ein gutes Stück laufen, bis sie in Vennepoth ankommt. Inzwischen ist es schon ziemlich spät geworden. Sie steht vor dem Haus der Schwägerin, überlegt kurz. Dann legt sie das Päckchen ohne zu klingeln vor der Haustür ab und fährt nach Hause zurück.

Am Wochenende kam Trudes Mann vorbei, um sich bei der Oma für das Verhalten seiner Frau zu entschuldigen. Er brachte einen Stapel Koteletts von der besagten Schlachtung mit; genug, um die ganze Familie einmal richtig schön satt zu machen.

Esst soviel ihr könnt!

Torten gehörten bei meinen Großeltern und später bei meinen Eltern zu jedem Fest. Wäre die berühmte Buttercremetorte meiner Mutter nicht so schrecklich kalorienreich und ungesund, hätte ich die Tradition vielleicht fortgesetzt.

Ihr 40-jähriges Ehejubiläum feierten meine Großeltern im großen Stil. Sie schauten nicht auf die Kosten, was die Oma sowieso gerne vermied, und luden die gesamte Familie ein: von den Geschwistern und Halbgeschwistern mit Anhang bis zu den eigenen Kindern und deren Familien würden alle kommen. Platz war genug vorhanden: In einem Anbau im Erdgeschoss gab es einen Versammlungsraum, den die Kirchengemeinde zur Verfügung stellte, die im selben Haus untergebracht war. Normalerweise fanden dort die Sonntagschule und weitere Veranstaltungen statt.

Auf langen Tischen, festlich eingedeckt, standen wunderbare Torten, hergestellt und geliefert von Bäcker Stappert in Eisenheim.

Eine Torte muss besonders gut gewesen sein, eine Nusstorte, an die sich Familienmitglieder heute noch erinnern. Es waren nur noch drei oder vier Stücke davon übrig, als verspätet Tante Trude aufkreuzt. Etwas extrem Wichtiges muss sie aufgehalten haben, sonst wäre sie eine der Ersten in Eisenheim gewesen. Etwas kurzatmig bleibt sie kurz in der Tür zum Saal stehen; ihre kleinen, flinken Augen überfliegen das schon leicht geschrumpfte Angebot auf den Tischen, bevor sie zu den Großeltern geht und ihnen zum Ehejubiläum gratuliert.

Um das Folgende zu verstehen, muss man wissen: Tante Trude war nicht nur bekannt für ihren unstillbaren Appetit und ihren enormen Umfang. Wir kannten sie auch als eine Person, die gern im Mittelpunkt stand. Sobald sie einen Fotoapparat auf sich gerichtet sah, begann sie breit und selbstgefällig zu grinsen.

Kurz und gut: Sie war nicht besonders beliebt.

Meine Mutter sieht Tante Trude in der Saaltür stehen. Hektisch beginnt sie die letzten Stücke Nusstorte auf ihren eigenen und die Teller ihrer Tischnachbarn zu schaufeln und ruft ihnen zu: »Esst soviel ihr könnt! Und wenn ihr kotzen müsst, geht nach Hause!«

An die drastische Reaktion meiner Mutter erinnere ich mich nicht, obwohl ich dabei war. Tante Ruth hat mir davon erzählt.

Mich brauchte man übrigens nicht mehr aufzufordern, die Torte vor dem Zugriff der Tante zu retten. Mir war schon schlecht, weil ich mich selbst nicht hatte beherrschen können. Ob es an Stapperts berühmter Nusstorte lag, weiß ich nicht.

Endlich Ruhe

Kam der Opa von der Arbeit, aß er mit der Familie zu Abend, zog sich um und verschwand. Immer auffallend gut gekleidet, war er praktisch jeden Tag unterwegs; niemand erfuhr je, wohin er ging oder fuhr und ob es überhaupt ein Ziel gab. Vielleicht suchte er ja nur ein wenig Ruhe, die er in der Enge zu Hause nicht fand.

Einmal nahm er mich mit auf einen seiner Ausflüge. Da war ich wohl neun oder zehn Jahre alt. Wir fuhren mit der Bahn zum Karnevalsumzug nach Düsseldorf. Solche Mengenmengen hatte ich noch nicht gesehen, und ich bin nicht sicher, ob ich wirklich Spaß daran hatte, in diesem Gedränge zu sein. An die Bonbons, die Kostümierte von den Umzugswagen auf die Menschen warfen, erinnere ich mich gut. Einige davon landeten auf meinem Kopf.

Nicht lange danach hatte mein Opa einen leichteren Schlaganfall. Mit den Ausflügen war es vorbei und somit auch das Ärgernis der Großmutter, das sie die ganzen Jahre über zähneknirschend hatte hinnehmen müssen. Dass sie sich über seine Fluchten ärgerte, ist keine bloße Vermutung. Mehr als einmal hatte sie sich bei meiner Mutter darüber beklagt. Möglicherweise waren es nicht die Ausflüge selbst, die die Oma aufregten, sondern die Tatsache, dass sie sie nicht verhindern konnte.

Als der Großvater immer mehr schwächelte und später auch noch die Parkinsonkrankheit dazukam, war er zunehmend auf die Unterstützung seiner Frau angewiesen. Für die Oma wäre es in dieser Situation ein Leichtes gewesen, es ihrem Mann heimzuzahlen. Aber: Sie war nicht nur ein dominanter, sondern auch ein fürsorglicher Mensch.

Ich erinnere mich an den sogenannten »Krafttrunk«, den sie täglich für ihn zubereitete: Sie mixte Eigelb, Zucker und Rotwein, füllte das Gemisch in einen Becher und gab es dem Opa vorsichtig in die Hand. Er trank es stets langsam, in winzigen Schlucken, offensichtlich mit Genuss. Ich weiß noch, dass ich einmal nippen durfte und der Rotweinmix auch mir geschmeckt hat. Ansonsten aber blieben die Bedürfnisse des Großvaters denen der Oma weiterhin untergeordnet.

Er wollte zum Beispiel nie mit ihr in die DDR fahren; angeblich fürchtete er sich vor den Russen in der Stadt. Solange meine Schwester mitfuhr, war das in Ordnung. Danach musste er mitkommen, ob es ihm passte oder nicht.

Die Gebrechlichkeit nahm weiter zu und der Großvater fing an, ständig nach der Oma zu rufen; eine Angewohnheit, die er sich als gesunder Mensch nie erlaubt hätte. Sein dünnes, langgezogenes »Hettiiiiie« erzeugte bei jedem, der es hörte, Gänsehaut. Als sie ihm schließlich verbot, noch ein einziges Mal nach ihr zu rufen, begann er, auf den Tisch oder die Lehne seines Sessels zu klopfen, zu pochen oder zu kratzen, um ihre Aufmerksamkeit auf sich zu lenken. Er klopfte, pochte oder kratzte so lange, bis die Großmutter oder jemand anders es endlich hörte und fragte, was er wolle.

Ich bin mir sicher, dass seine neue Methode, auf sich aufmerksam zu machen, genauso schwer zu ertragen war wie vorher das Rufen. Die Oma blieb dagegen jedoch so machtlos wie früher gegen die Ausflüge.

Nachdem der Großvater gestorben war, lebte sie noch einige Jahre allein in ihrer Wohnung in Eisenheim. Sie hätte es sich jederzeit in seinem bequemen Ohrensessel gemütlich machen können. Stattdessen saß dort eine ziemlich große und prachtvoll gekleidete Puppe. Die Puppe konnte »Mama« sagen, wenn jemand sie hochnahm und nach vorn neigte. Ansonsten war sie still und ließ die Oma in Ruhe.

Sparsam oder geizig?

Meine Eltern waren Weltmeister im Sparen. Und gespart werden konnte überall, auch beim Stromverbrauch. Mein Vater rechnete eines Tages aus, wie viel Strom die Glühbirne unserer Küchenlampe pro Stunde verbrauchte und wie viel das kostete. Er forderte, ab sofort das Licht auszuschalten, wenn eine von uns als letzte die Küche verließ. Er wusste selbst, dass es, auf den Monat umgerechnet, nur um Pfennigbeträge ging, aber die zählten eben auch.

Zu Hause gab es ein Haushaltsbuch, das in einer Schublade im Küchenschrank aufbewahrt, von der Mutter penibel geführt und vom Vater genauso penibel kontrolliert wurde. Jede Ausgabe war in dem Buch pfenniggenau aufgeschrieben.

Zur Sparsamkeit gesellte sich der Anspruch, nichts anzuschaffen, was man sich nicht leisten, sprich, nicht bar bezahlen konnte. Ratenkäufe waren tabu, und wenn endlich etwas gekauft wurde, war es niemals ein billiges Produkt, sondern eines, das lange Haltbarkeit versprach. Bis die Eltern sich das leisten konnten, wurde eben gespart, gespart, gespart.

Ich erinnere mich an den »Kobold«-Staubsauger von *Vorwerk*, den es schon in meiner Kindheit gab. Der war bestimmt teuer, musste aber auch nie ersetzt werden. Ich sah ihn noch in der Seniorenwohnung meiner Mutter.

Weggeworfen wurde bei meinen Eltern so gut wie nichts. Selbst die ausgemusterten, hellen Oberhemden vom Großvater ließen sich weiterverwenden. Der Opa war ziemlich klein und seine Hemden passten mir gerade richtig, als ich etwa vierzehn oder fünfzehn Jahre alt war. Die Mutter schnitt den Hemdkragen einige Zentimeter oberhalb der Halsnaht ab, so dass noch Stoff übrigblieb. Der wurde säuberlich gesäumt und nach innen geschlagen, dann auf der Nähmaschine vernäht. Was herauskam, war ein neues Nachthemd. Verziert mit bunter Zackenlitze am Stehkragen und an den Ärmelabschlüssen, sah es aus wie ein Russenkittel.

Waren unsere Eltern nun sparsam oder eher geizig? Für mich habe ich eine Antwort gefunden: Die Eltern waren durch Herkunft, Krieg und Mangelwirtschaft geprägt. Sie konnten gar nicht anders handeln, als sie es taten.

Wie sich viel später herausstellte, sparten sie nicht engstirnig und unüberlegt, sondern mit Kalkül. Der Vater rechnete immer damit, früh zu sterben. Er sollte Recht behalten. Sein Plan, die Mutter nach seinem Tod mit Ersparnissen zurückzulassen, ging auf. Sie war bis zum Schluss nie allein auf ihre Witwenrente angewiesen und konnte sich deshalb über das Notwendige wie Kleidung hinaus Dinge leisten, die ihr wichtig waren: zum Beispiel kleine Reisen, Geschenke für die Töchter, Enkel und Urenkel und Mengen an Wolle und Garn für ihre Handarbeiten.

Etwa ein Jahr bevor der Vater starb, bekamen meine Schwester und ich, völlig unerwartet und überraschend, einen Teil der elterlichen Ersparnisse ausgezahlt.

Spätestens zu diesem Zeitpunkt bestand aus meiner Sicht keinerlei Veranlassung mehr, den Eltern etwas vorzuwerfen.

Zum Ersten, zum Zweiten, …

Obwohl bei uns zu Hause jeder Pfennig buchstäblich zwei Mal umgedreht wurde, gönnte sich der Vater einen Zeitvertreib, über den wir uns nur wundern konnten. Er ging eine Zeit lang zu den Auktionen einer Pfandleihe und kam regelmäßig mit Dingen nach Hause, die niemand brauchte. Einmal war es ein breites Goldarmband, das meine Mutter nur sehr selten trug und wohl auch nicht wirklich mochte. Ich vermute, dass es weniger als Geschenk für die Mutter gedacht war, sondern als Wertanlage.

Ein anderes Mal war es eine Polaroidkamera, ein riesiges Teil, mit dem wir eine Zeit lang Bilder machten, die schnell gelbstichig wurden. Die Kamera verschwand bald im Keller und wurde nie wieder verwendet.

Genauso erging es einer anderen Anschaffung, die auch im Keller verstaubte: ein dunkelgrüner, langer Ledermantel. Der Vater trug ihn vielleicht ein- oder zweimal, und keiner weiß, wer ihm eingeflüstert hatte, diesen scheußlichen Mantel zu ersteigern.

Eines Tages stand eine makellose Triumph Kofferschreibmaschine auf dem Küchentisch. Auch dieser Kauf wäre nicht nötig gewesen, weder meine Mutter noch meine Schwester interessierten sich dafür. Sie ging in meinen Besitz über und ich lernte während meiner Realschulzeit, mit 13 oder 14 Jahren, Schreibmaschine schreiben, was mir in meiner Ausbildung sehr nutzen sollte.

Die Triumph landete übrigens nicht im Keller, um dort zu verstauben, sondern begleitete mich viele Jahre lang: Als ich auszog und nach Oberstaufen zog, baute der Vater eine stabile Kiste für die Schreibmaschine und schickte sie mir nach.

Eine Frage, die ich mir erst viel später stellte: Woher stammte das Geld für diese oft nutzlosen Anschaffungen? Und wie passte der Zeitvertreib des Vaters zu seiner sonstigen Sparsamkeit? Die Antwort erfuhr ich Jahrzehnte später von meiner Schwester, als die Eltern längst tot waren.

Der Vater hatte vor Gericht eine Kriegsrente eingeklagt, deren Anerkennung ihm jahrelang verweigert worden war. Die Nachzahlung war der Grundstock für ein kleines Vermögen, das im Laufe der Jahre stetig größer wurde und worüber in der Familie nicht gesprochen wurde. So gut wie niemand wusste davon.

Vielleicht finanzierte mein Vater seine Lustkäufe bei Versteigerungen mit einem Teil der Jahreszinsen für das Gesparte? Sozusagen als Lohn für seine Anstrengungen? Ausschließen möchte ich das nicht.

Kindheit in Armut?

Meine Kindheit hatte wahrlich keinen Mangel an Schattenseiten. Da war zunächst die schwere Erkrankung des Vaters samt Nebenwirkungen. Hinzu kamen sein Jähzorn und der Hang zum Alkohol, der in unregelmäßigen Abständen aufflammte und der Familie zusetzte.

An diesen Tatsachen stieß sich meine Schwester so gut wie gar nicht. In ihren Augen war die Sparsamkeit des Vaters, die sie als Geiz ansah, viel gravierender. Anders als ich, empfand sie ihre Kindheit als eine von Armut geprägte Zeit, die ihr ganzes späteres Leben beeinträchtigte.

Setze ich die Mosaiksteine vieler Erinnerungen zu einem Ganzen zusammen, entsteht – allen erlebten Widrigkeiten zum Trotz – das Bild einer behüteten Kindheit. Wir waren beschützt durch feste Strukturen und Zusammenhalt. Dass die emotionale Geborgenheit auf der Strecke blieb, ist eine andere Sache!

Schaue ich zurück, sehe ich ordentlich gekleidete Mädchen, gut ernährt, mit eigenem Kinderzimmer. Wir hatten Spielsachen und Bücher, wenn auch von allem wenig. Zu Weihnachten und zu anderen Festen bekamen wir nicht nur zweckmäßige Geschenke, wie es früher oft üblich war. Manchmal überraschten mich Geschenke, von denen ich nicht einmal geträumt hätte.

Ich erinnere mich an einen Fotoapparat, den ich mit zehn Jahren zur Kommunion bekam. Das war schon sehr ungewöhnlich. Damals hatte bei uns niemand eine Kamera, und warum ausgerechnet ich eine bekam, bleibt ein Rätsel. Es war eine »Agfa Silette«, in den 60er Jahren ein großer Verkaufserfolg der Münchner Agfawerke:

Sie gehörte zu den ersten mechanischen Kameras, die ohne Batterie funktionierten.

Die Silette machte schöne Bilder. Ich nahm sie später mit ins Allgäu und hatte sie auch dabei, als ich mit neunzehn Jahren durch Skandinavien trampte.

Inzwischen habe ich mir aus reiner Nostalgie den gleichen Fotoapparat auf *Ebay* gekauft; meinen alten hatte ich schon lange nicht mehr.

Wie andere Kinder in unserer Siedlung und auf der Sterkrader Seite hatte auch ich Rollschuhe. Ich erinnere mich an stundenlanges Rollschuhfahren auf der damals noch wenig befahrenen Westerwaldstraße. Die hatte ein schönes Gefälle Richtung Vestische Straße, so dass es in rasantem Tempo »bergab« ging. Manchmal war ich nachts im Traum noch auf Rollschuhen unterwegs.

Im Winter, wenn es einmal richtig geschneit hatte und der Schnee auch liegen blieb, holten wir unseren alten Holzschlitten aus dem Keller. Wieder das Gefälle der Straße nutzend, sausten wir Richtung Vestische Straße, manchmal zwei oder drei Schlitten miteinander verbunden.

Zumindest für mich war es keine Kindheit in Armut!

Eine Tasche voll Geld

Eines Tages, meine Schwester und ich waren längst zu Hause ausgezogen, hatten meine Eltern eine größere Summe zusammengespart, verteilt auf verschiedene Konten. Es war die Zeit der hohen Sparzinsen, die sich heute niemand mehr vorstellen kann. Nachdem mein Vater aus gesundheitlichen Gründen die Wohnung kaum noch verließ und sich seit Jahren damit begnügte, in die Sparbücher zu schauen, wenn im Januar der Jahreszins verbucht war, wollte er eines Tages das Geld sehen, das sie gespart hatten. Meine Mutter ging also zur Sparkasse, zur Commerzbank und zur Post, um sich überall die Ersparnisse auszahlen zu lassen. Sie brachte das Geld wunschgemäß nach Hause, wo der Vater es sich in Ruhe anschauen konnte.

Ich gehe davon aus, dass er es auch zählte, um ganz sicher zu sein.

Als er das Gefühl hatte, die kleinen Stapel Scheine auf dem Wohnzimmertisch lange genug vor sich liegen gesehen zu haben, schickte er die Mutter wieder in die Stadt und ließ sie das Geld erneut anlegen.

Er hatte sich überzeugt, dass das Ersparte wirklich existierte und überließ es zu erfreulichen Bedingungen weiterhin den Banken.

Meine Schwiegermutter, eigentlich aus anderem Holz geschnitzt als meine Eltern, kam auf eine ähnliche Idee. In hohem Alter hatte sie beschlossen, aus ihrer für sie viel zu großen Mietwohnung auszuziehen und in eine kleine, seniorengerechte Eigentumswohnung zu wechseln. Auf die Idee, sich mit ihrem Sohn abzusprechen oder sich von ihm unterstützen zu lassen, kam sie gar nicht.

Nachdem sie etwas Geeignetes gefunden hatte, ging sie zur Sparkasse und ließ sich exakt die Summe, die sie für den Kauf benötigte, am Schalter auszahlen. Sie packte das Geld in ihre geräumige Einkaufstasche und ging, unbesorgt wie zuvor meine Mutter, quer durch die Stadt, um die Eigentumswohnung in dem Seniorenstift gleich bar zu bezahlen.

Irgendwann war dann Schluss mit den hohen Sparzinsen. Einen Teil der Ersparnisse unserer Eltern hatten meine Schwester und ich bekommen. Für meine Mutter bestand nach dem Tod des Vaters nicht mehr die Notwendigkeit, sich regelmäßig um Sparanlagen zu kümmern.

Eines Tages fiel ihr das Postsparbuch in die Hände. Sie geht damit zur Post, um die Zinsen für mehrere Jahre nachtragen zu lassen. Als sie einen Blick auf die Einträge wirft, glaubt sie zunächst, der Beamte hätte einen Fehler gemacht. Er erklärt ihr freundlich, wie es um die Zinsen aktuell steht. Meine Mutter hört sich schweigend seine Erklärung an, kündigt das Postsparbuch und lässt sich die Summe auszahlen.

Die Scheine passten bequem in einen Briefumschlag.

Auf dem Bauernhof

Meine Mutter hat nie viel über sich erzählt und nur wenige Erinnerungen mit uns geteilt. Vieles habe ich erst nach ihrem Tod erfahren.

Ab Anfang der Vierzigerjahre lebte sie als sogenanntes »Pflichtjahrmädchen« in der Nähe von Bad Essen, im Osnabrücker Land. Das heißt, sie hatte nicht selbst entschieden, Oberhausen zu verlassen, sondern wurde dienstverpflichtet. Sie hatte zwar noch keinen Beruf erlernt, aber nach ihrem Schulabschluss eine Handarbeitsschule besucht und in einem Sterkrader Geschäftshaushalt kochen gelernt. Davon hat sie manchmal gesprochen.

Meine Mutter war damals 17 oder 18 Jahre alt und arbeitete zunächst als Köchin in einem Kinderheim. In dieser Zeit lernte sie einen Mann aus der Gegend kennen, dessen Eltern Bauern waren. Aus der Beziehung wurde schnell etwas Ernstes. Noch während des Pflichtjahres feierten die beiden ihre Verlobung in Eisenheim.

meine Mutter und Tante Erna auf dem Pachthof

Zusammen mit dem älteren Bruder des Mannes und dessen zukünftigen Frau pachteten sie einen kleinen Bauernhof, den sie eine Zeit lang gemeinsam bewirtschafteten. Als der Verlobte meiner Mutter zum Militär eingezogen wurde, arbeiteten sie zu dritt weiter. Nachdem auch der Bruder eingezogen worden war, bewältigten die Frauen die Stallarbeit und alle anderen Arbeiten allein. Ein Foto aus der Zeit zeigt meine Mutter und ihre Schwester Erna in Stallkleidung vor ihren Milcheimern sitzend; ihre Gesichter strahlen.

Dann kam die Nachricht vom Tod des Verlobten. Er war in der Nähe von Kiew gefallen. Meine Mutter blieb auf dem Hof bis nach Kriegsende. Erst als der Besitzer zurückkam und den Pachtvertrag für den Hof kündigte, kehrte sie nach Oberhausen zurück. Nach gut fünf Jahren, und inzwischen 23 Jahre alt, wohnte sie wieder bei den Eltern in Eisenheim. Die Enge dort muss schwer erträglich gewesen sein.

Im Herbst 1946 heiratete sie meinen Vater, den sie beim Tanzen kennengelernt hatte. In Buschhausen, nicht weit von Eisenheim entfernt, zog sie mit ihm in eine kleine Dachwohnung.

Über die Zeit auf dem Bauernhof und den Verlobten sprach die Mutter nie. Als sie es einmal doch tat, brachte mein Vater es fertig, eifersüchtig auf einen Mann zu sein, der nicht das Glück hatte, den Krieg zu überleben. Ich war erschrocken, wie böse er werden konnte.

Mitte der Sechziger Jahre besuchten meine Mutter und ich die Nürnberger Verwandten, die nach dem Tod von Tante Erna nach Herford gezogen waren. Von Herford aus war es nicht sehr weit nach Bad Essen, wo der Bruder des ehemaligen Verlobten wieder einen Pachthof bewirtschaftete.

Mit dem Auto machten wir einen Ausflug aufs Land und besuchten ihn und seine Familie. Was dieser Besuch für meine Mutter emotional bedeutete, kann ich nur vermuten.

Unmittelbar nach der Begrüßung lotste jemand mich und meine Cousine Richtung Stall, wo wir vor einem Wurf Ferkel stehen blieben. Eines davon war deutlich kleiner als die anderen und viel schwächer. Mein Mitgefühl für das arme Tierchen war grenzenlos. Ich durfte es herausnehmen und schleppte es den ganzen Nachmittag mit mir herum.

Ich glaube, es war gut, dass wir nicht sofort mit den Erwachsenen ins Haus gekommen sind. So konnten sie ungestört Erinnerungen austauschen und ihren Gefühlen Raum geben. Selbst für den Onkel dürfte es aufwühlend gewesen sein: Er war damals dabei gewesen, als Erna ihre Schwester auf dem Pachthof besuchte, und hatte das Foto von den beiden gemacht.

Als meine Cousine und ich in die Küche kamen, war der Kuchen fast aufgegessen. Auf dem Arm hielt ich noch immer das Schweinchen, das ich am liebsten mitgenommen hätte.

Von dieser Fahrt zum Bauernhof erfuhr der Vater nichts. Er hätte es nicht verstanden.

Befreiung

Als meine Mutter heiratete, war sie 23 und mein Vater 28 Jahre alt. Die ersten Familienfotos zeigen ein Paar, das offensichtlich glücklich ist. Das änderte sich, als der Vater erkrankte, zunehmend unduldsam und dominant wurde und Alkohol hinzukam. Meine Mutter ertrug alles stillschweigend. Nie habe ich erlebt, dass sie laut geworden wäre oder dem Vater widersprochen hätte. Dieses stumme Erdulden hatte seinen Preis. Sie hielt Kummer, Wut und Unzufriedenheit unter Verschluss und häufte alle möglichen Beschwerden an. Wie der Vater nahm auch sie, zumindest seit meiner bewussten Kindheit, täglich Medikamente: gegen Kopfschmerzen, Rückenschmerzen, Bauchschmerzen und Gallenkoliken. Später kamen Herzmedikamente hinzu.

Die schlechte körperliche Verfassung meines Vaters beeinflusste zunehmend den Alltag der Mutter.

Die letzten zwei Jahre vor seinem Tod, da war er 63 Jahre alt, verließ er das Bett kaum noch. Bis auf meine Schwester und mich kam niemand sie besuchen, weil er das nicht ertrug.

Dann starb er, und meine Mutter sorgte dafür, dass er haargenau nach seinen Vorstellungen beerdigt wurde.

Ihr abgeschottetes Leben war vorbei. Sie konnte ihre Cousinen zu sich nach Hause einladen und nahm wieder Kontakt zu alten Schulkameradinnen auf – alles undenkbar vorher. Der endgültige Abschied vom Vater schien geglückt zu sein.

Bis er eines Tages plötzlich wieder vor ihr stand und ihr Vorhaltungen machte. Es sei um die Beerdigung gegangen, erzählte mir meine Mutter am Telefon. Sie aber habe ihn laut und mit fester

Stimme angeschrien: »Lass mich in Ruhe! Ich habe doch alles getan, was du wolltest!« Der Spuk wiederholte sich nicht.

Der Mutter ging es nach dem Tod meines Vaters tatsächlich besser, aber gesund war sie natürlich nicht. Der Hausarzt schickte sie zur Kur. Mit ihrem ruhigen und einnehmenden Wesen fiel es ihr leicht, andere Kurgäste kennenzulernen. Ein Mann war auch dabei. Er hatte ein Auge auf meine Mutter geworfen und war ständig in ihrer Nähe.

Viel erzählte sie darüber nicht. Ich erinnere mich aber an ihren Kommentar, als sie wieder zu Hause war und ich bei einem Besuch neugierig fragte: »Was ist denn aus deinem Kurschatten geworden?«

Sie holte tief Luft und sagte: »Der hat doch nur jemand gesucht, der ihn später pflegen kann!« Sie schien geradezu erbost, an ihren Kurschatten erinnert zu werden. Niemals wäre sie das Risiko eingegangen, noch einmal eine Beziehung anzufangen. Zwischen sie und ihr Leben als gut versorgte Witwe passte kein Blatt, geschweige denn ein Mann!

Auf der Trittleiter

Meine Mutter kannte auch im Alter keine Langeweile. Sie war zwar gern mit Menschen zusammen, kam aber ebenso gut allein zurecht. Den Sonntag nannte sie scherzhaft ihren »Ruhetag«. Da ging sie nur zur Kirche, die praktischerweise gerade einmal 50 m von ihrer Altenwohnung entfernt war, und blieb danach zu Hause, ohne sich zu verabreden oder jemand einzuladen.

Sie las gern, machte Kreuzworträtsel und verlor bis zuletzt nie die Lust an ihren Handarbeiten. Den Fernseher stellte sie erst am frühen Abend ein, wenn ihre Lieblingsserie lief; dabei konnte man gut stricken, ohne Maschen zu verlieren.

In ihren letzten Lebensjahren besuchte ich sie regelmäßig über Silvester. Für mich war das ein reiner Erholungsurlaub. Ich lebte inzwischen auch allein, hatte eine anstrengende Arbeit und ließ mich gern verwöhnen. Wenn ich kam, hatte sie immer schon im Voraus Kuchen gebacken, mindestens zwei Sorten.

Vor allem dann, wenn es draußen zu ungemütlich war und wir keine Spaziergänge machen konnten, war ein durch die Mahlzeiten strukturierter Tagesablauf wichtig. Anders als früher, spielten wir nachmittags keine Karten, sondern lieber Mühle oder Halma.

Wenn ich fragte, ob ich etwas für sie tun könnte, bekam ich nur angenehme Aufgaben. Kein lästiges Gerenne kurz vor Geschäftsschluss, wie ich es bei meiner Schwiegermutter gelegentlich erlebt habe.

Ein oder zwei Mal schickte mich meine Mutter auf die Trittleiter vor ihrem geöffneten und wirklich hohen Kleiderschrank. Sie wollte sich die Sachen anschauen, die sie nicht mehr selbst erreichen konnte und vielleicht auch nicht mehr brauchen würde. Ich kletterte also auf die Leiter, griff immer wieder in den Schrank und zeigte ihr nach und nach alles, was sie sehen wollte: unter anderem Bettwäsche, Handtücher und Stapel von Pullovern, viele selbstgestrickt. Vom Sofa aus konnte sie sich alles bequem anschauen. Wir sprachen über ihre Schätze und der Nachmittag verging wie im Flug. Merkwürdigerweise machte mir das genauso viel Spaß wie ihr.

Einmal sollte ich im Einbauschrank im Flur nach passendem Wollgarn für die Socken suchen, die sie gerade strickte. Ich öffnete den Schrank und mindestens zehn Beutel, prall gefüllt mit Strick- und Häkelgarn, flogen mir entgegen. Während ich nach der richtigen Wolle suchte, wagte ich eine vorsichtige Anspielung auf die Tatsache, dass die ganze Familie schon auf Jahre hinaus mit Socken versorgt sei. Ihre Antwort, ohne beleidigt zu sein: »Tu alles wieder in den Schrank. Das kommt dann in die Erbmasse!« Damit war für sie und für mich das Thema beendet.

Sie ließ sich nichts mehr vorschreiben und strickte einfach weiter. Selbst die Enkel tragen im Winter ihre Socken.

Danksagung

An dieser Stelle Dank an meine Schwester, Cousine Helga und an Tante Ruth, die mit ihren Erinnerungen dazu beigetragen haben, aus vielen Episoden und Erlebnissen, die ich meinem Gedächtnis entlockt habe, etwas Rundes entstehen zu lassen.

Ein Dankeschön auch an Berta Bäck, die viele Geschichten gelesen und mich mit konstruktiven Anmerkungen unterstützt hat und an Caroline Mascher, Journalistin und Dozentin für kreatives Schreiben, die mir als Lektorin zur Seite stand.

Außerdem danke ich meinem Sohn Erik für die professionelle Gestaltung des Buchcovers und die Übertragung meiner Kindheitswege in einen historischen Stadtplan von 1967/68, den uns die Stadt Oberhausen freundlicherweise zur Verfügung gestellt hat.

Über die Autorin

Ilka Scholz, *1951 in Oberhausen, war Arzthelferin in einer Allgäuer Krebsklinik, danach Abitur und Studium in München. Seit dem Abschluss in Germanistik und Geschichte an der Ludwig-Maximilians-Universität ist sie in der Erwachsenenbildung tätig – viele Jahre am Goethe Institut und auch heute noch als Dozentin an der Münchener VHS. Sie schreibt seit ihrer Jugend und fotografiert gern; bevorzugt Makrofotografie.

Ilka Scholz hat zwei erwachsene Söhne und lebt in München.